BEI GRIN MACHT SICH IHR
WISSEN BEZAHLT

Bibliografische Information der Deutschen Nationalbibliothek:

Die Deutsche Bibliothek verzeichnet diese Publikation in der Deutschen National-
bibliografie; detaillierte bibliografische Daten sind im Internet über http://dnb.d-
nb.de/ abrufbar.

Impressum:

Copyright © 2015 GRIN Verlag, Open Publishing GmbH
Druck und Bindung: Books on Demand GmbH, Norderstedt Germany
ISBN: 9783668266810

Dieses Buch bei GRIN:

http://www.grin.com/de/e-book/337109/grenzen-und-grenzueberschreitungen-im-
judo

Michael Schmitt

Grenzen und Grenzüberschreitungen im Judo

GRIN Verlag

GRIN - Your knowledge has value

Der GRIN Verlag publiziert seit 1998 wissenschaftliche Arbeiten von Studenten, Hochschullehrern und anderen Akademikern als eBook und gedrucktes Buch. Die Verlagswebsite www.grin.com ist die ideale Plattform zur Veröffentlichung von Hausarbeiten, Abschlussarbeiten, wissenschaftlichen Aufsätzen, Dissertationen und Fachbüchern.

Besuchen Sie uns im Internet:

http://www.grin.com/

http://www.facebook.com/grincom

http://www.twitter.com/grin_com

Universität Würzburg

Institut für Sportwissenschaft

Modul:	Bachelorarbeit Sportwissenschaft mit dem Schwerpunkt Gesundheit und Bewegungspädagogik
Teilmodul:	Bachelorarbeit Sportwissenschaft mit dem Schwerpunkt Gesundheit und Bewegungspädagogik
Bereich:	Abschlussarbeit
Semester:	SS 2015/WS 2015_16
Autor:	Michael Schmitt
Studiengang:	Sportwissenschaft mit dem Schwerpunkt Gesundheit und Bewegungspädagogik
Abgabe:	25.11.2015

Thema:

Grenzen und Grenzüberschreitungen im Judo

Vorwort

Diese sportwissenschaftliche Arbeit hat eine pädagogische Ausrichtung und bezieht sich dabei auch auf Erkenntnisse anderer Wissenschaftsdisziplinen. Zum Hintergrund meiner Person gibt es dazu qualifizierendes und relativierendes zu sagen.

In meinem Grundberuf bin ich Diplom-Sozialpädagoge (FH), der unter anderem seit einigen Jahren in der ambulanten Jugendhilfe arbeitet. Den Schwerpunkt meiner Arbeit nimmt die intensive pädagogische Auseinandersetzung mit Jugendlichen ein, die sich zum Teil freiwillig, zum Teil auch zwangsweise im Kontext der Jugendhilfe befinden. Wichtige Bestandteile in Studium und Beruf waren sowohl die wissenschaftliche als auch die praktische Auseinandersetzung mit den auch bei dieser Arbeit hinzugezogenen Bezugswissenschaften.

Mein Hauptinteresse liegt neben dem Sport weiterhin in der Pädagogik. Die vorliegende Arbeit wurde im Fach Sportwissenschaft verfasst. Das zweite Hauptfach in diesem Studiengang war Pädagogik.

Ich bin weder Jurist noch Psychologe. Ein tieferes Einsteigen in die Materie ist sicherlich möglich. Im Rahmen dieser Arbeit stellen die pädagogischen Konsequenzen aus den Erkenntnissen der anderen Zugänge Teil der Grundlage für die Auseinandersetzung mit persönlichen Freiheiten und Grenzen im Judo.

Im Übrigen bin ich Träger des zweiten Dan im Judo und ehemaliger Kinder-, Jugend- und Erwachsenentrainer.

Mit den von mir dargelegten Ansätzen erhoffe ich mir, als Ideengeber fungieren und eine Diskussionsgrundlage bieten zu können.

Inhaltsübersicht

1 Einleitung – oder was es über Grenzen zu sagen gibt

Was gibt es nicht alles über Grenzen zu sagen? Sie existieren überall. In jedem Lebensbereich. Mal sind sie scharf, mal sind sie fließend. Sie stören und halten uns von dem ab, was wir tun möchten und lassen uns nicht dorthin, wo wir hin wollen. Grenzen beschützen uns aber auch vor dem, was wir nicht möchten. Und es ist spannend, sie zu verschieben! Sie lassen davon träumen, was dahinter liegen mag.

Es gibt geographische, zeitliche, finanzielle Grenzen. Es gibt Altersgrenzen, körperliche und kognitive Grenzen, Grenzen der Belastbarkeit, Grenzen der Geduld und viele mehr. Ohne weiter zu differenzieren steht im Online-Wörterbuch Wiktionary (2015) zur Bedeutung von Grenze: „ein Rand eines Raumes und damit ein Trennwert, eine Trennlinie oder Trennfläche". Als Synonym steht dort „Ende". Als imperativer Ausdruck fällt einem hierzu das kleine, aber gewichtige Wörtchen „Stopp" ein. Denn wo auch immer Grenzen gezogen oder als gegeben angenommen werden, gibt es die Versuchung, diese zu überschreiten. Nicht immer ist das von allen gewollt. In diesem Zusammenhang zeigt sich die Problematik, dass Grenzen häufig unterschiedlich wahrgenommen oder von unterschiedlichen Parteien als vorhanden oder auch als nicht-vorhanden gesehen werden, oder aber schlichtweg ignoriert werden.

Aber wer bestimmt nun Grenzen? Neben natürlichen Grenzen, wie beispielsweise Flüssen oder Gebirgszügen, dem Tod, oder dass der Mensch ohne Hilfsmittel nicht fliegen kann, sind sie in der Regel Aushandlungssache. Beim Fortschritt und dessen Grenzen wollen sich mittlerweile viele nicht mehr aus dem Fenster lehnen. Dafür gibt es bereits zu viel, was vorher noch undenkbar war. Mit den eigenen, persönlichen Grenzen sieht es anders aus. Abgeleitet aus dem pädagogischen Wert der Selbstbestimmung und dem in Deutschland herrschenden Grundrecht der allgemeinen Handlungsfreiheit nach Art. 2 Abs. 1 GG besteht für jeden eine gewisse Freiheit, seine eigenen Grenzen selbst zu stecken. Den Rahmen hierfür stellen im sozialen Miteinander vor allem soziale Normen und das Gewissen. Im Sport gehören hierzu die jeweiligen Regeln und die Gebote der Fairness. Immer bewegt man sich dabei im Spannungsfeld von gleichberechtigten Parteien, Autoritäten und den eigenen Bedürfnissen.

Im Sport spielen Grenzen eine ganz besondere Rolle. In einigen Sportarten geht es darum, die Leistungsgrenzen – das Menschenmögliche – zu verschieben bzw. zu erweitern. Paradebeispiele hierfür sind die sogenannten cgm-Disziplinen (centimetre – gram – second). Im

Wettkampf stellen sich die Sportler[1] dabei dem Vergleich mit Konkurrenten um das Sieger-treppchen. In anderen Sportarten dreht sich vieles darum, dem Gegner die Grenzen dessen Leistungsfähigkeit aufzuzeigen und sich dabei den Regeln entsprechend im Vergleich besser darzustellen. Hierbei wird unter Zuhilfenahme von Technik und Taktik sowie unter Ausnut-zung konditioneller, koordinativer und psychischer Voraussetzungen aktiv auf die Handlun-gen der anderen Sportler Einfluss genommen. Im Judo geschieht dies explizit in einer körper-lichen Auseinandersetzung mit dem Gegner. Es wird innerhalb der ausgehandelten bzw. ak-zeptierten Regeln und hoffentlich auch den Geboten der Fairness entsprechend gekämpft. Doch wo fangen Grenzen und Grenzüberschreitungen dabei an? Im Wettkampf wird dies hauptsächlich durch einen oder mehrere Kampfrichter entschieden. Wie konkret sind dabei aber deren Richtlinien? Was kann der Einzelne mitbestimmen? Und wie sieht es im Trai-ningsalltag und darüber hinaus aus? Was haben Grenzen im Judo mit dem restlichen Leben zu tun? Ist Judo als Untersuchungsgegenstand bei dieser Frage eigentlich besonders interes-sant?

Warum nun diese lange Vorrede zum Thema unterschiedlicher Grenzen, wenn es doch „nur" um das Thema Grenzen und Grenzüberschreitungen im Judo gehen soll? Wie deutlich wer-den sollte, bestehen Grenzen im sozialen Miteinander nicht „einfach so", also automatisch oder gar selbstverständlich. Sie unterscheiden sich von Kultur zu Kultur, von Zeit zu Zeit, von Gruppe zu Gruppe und von Individuum zu Individuum. Und es gibt immer auch unterschied-liche Perspektiven auf ein und dieselbe Situation. Was ist in den unterschiedlichen Zusam-menhängen mit Grenzen gemeint und wann beginnt deren jeweilige Überschreitung? Wel-che Formen davon gibt es und wie sieht das Ganze im Sport aus? Befindet sich Judo dabei in einer besonderen Rolle? Gibt es besondere Gefahren oder auch Potentiale im Judo, einem Sport, bei dem mit- und gegeneinander gekämpft wird, und das sich stets auch auf die Grundgedanken Jigoro Kanos bezieht, der Judo immer auch als Werte- und Erziehungssys-tem verstand?

Es handelt sich hier um eine sportwissenschaftliche Arbeit, die sich den für ihren pädagogi-schen Schwerpunkt relevanten Perspektiven ihrer Bezugswissenschaften widmet. Ihr päda-gogischer Fokus hat die Absicht herauszufinden, ob oder inwiefern Judo durch dessen spezi-

---

[1] Der besseren Lesbarkeit wegen wird lediglich die maskuline Form der Personenbezeichnung verwendet. So-fern nicht gesondert darauf hingewiesen, sind jeweils beide Geschlechter gemeint.

fische Merkmale für Grenzüberschreitungen prädestiniert ist oder nicht, und welche Rolle dies auch außerhalb des Judo spielen kann. Eindeutige Grenzziehungen werden nur schwer möglich sein. Was diese Arbeit leisten möchte, ist eine Sensibilisierung für das Thema. Durch das Aufzeigen der Vielfältigkeit von Grenzen dürfte bereits deutlich geworden sein, dass es auch Grenzen im Judo gibt, deren Thematisierung den Rahmen dieser Arbeit sprengen würde. So werden beispielsweise konkrete Grenzverletzungen im Zusammenhang mit dem Sport im Allgemeinen, bei denen nicht von einer Unterscheidung zu anderen Sportarten ausgegangen werden kann, höchstens tangiert. Dies betrifft insbesondere strukturelle Bedingungen des Leistungssports oder auch periphere zum Sport gehörende Ereignisse wie das gemeinsame Umkleiden oder das Feiern von Festen. Wie noch festzustellen sein wird, wird durch die im Judo existierende Vielfalt an Techniken und Übungsformen auch nicht jede einzelne potentielle Grenzüberschreitung thematisiert werden können, was auch nicht sinnvoll erscheint. Das, was Judo reizvoll und attraktiv erscheinen lässt, ist ja gerade die Handlungsfreiheit, die man bei dessen Ausübung hat.

Die Arbeit gliedert sich in drei große Teile. Zunächst werden die Grundlagen des Judo aufgezeigt. Im Anschluss daran wird anhand unterschiedlicher Perspektiven auf das Thema Freiheiten und Grenzen eingegangen, bevor noch unterschiedliche Formen von Grenzüberschreitungen behandelt werden.

2 Grundlagen des Judo

„Judo ist – in letzter Konsequenz – der höchst wirksame Gebrauch von Geist und Körper zu dem Zweck, sich selbst zu einer reifen Persönlichkeit zu entwickeln und einen Beitrag zum Wohlergehen der Welt zu leisten" (Jigoro Kano, der Begründer des Judo In: Pöhler u. a., 2014, S. 6).

Diese Untersuchung richtet sich in erster Linie an Leser, die bereits in irgendeiner Form einen Zugang zum Judo haben[2]. Da der Rahmen dieser Arbeit andernfalls gesprengt würde, soll hier lediglich auf die für die Untersuchung relevantesten Aspekte im Hinblick auf die Fragestellung dieser Arbeit eingegangen werden[3+4]. Potentielle Grenzsituationen, und auch Grenzen schützende Aspekte werden hierbei zum Teil bereits deutlich.

2.1 Begriffserklärung und Prinzipien

Das Wort „Judo" ergibt sich aus den beiden sinojapanischen Schriftzeichen für „Sanftheit" oder „Nachgeben" („Ju") sowie für „Grundsatz" oder „(Lebens)-Weg" („Do") und kann somit als „Weg des Nachgebens" bezeichnet werden (Kano, 2007).

Für das Handeln im Judo und darüber hinaus formulierte der Begründer des Judo Jigoro Kano zwei alles umfassende Prinzipien:

- Sei-Ryoku-Zen-Yo – Das technische Prinzip: „Bester Einsatz von Geist und Körper" verdeutlicht vor allem das, was mit Nachgeben („Ju") gemeint ist, geht jedoch darüber hinaus und

- Ji-Ta-Kyo-Ei – Das moralische Prinzip: „Gegenseitige Hilfe für den wechselseitigen Fortschritt und das beiderseitige Wohlergehen" verdeutlicht vor allem das, was mit Weg („Do") gemeint ist (Pöhler u. a., 2014; Klocke, 2005; Kano, 1932).

Unter Berücksichtigung dieser beiden Prinzipien sah Kano die Möglichkeit zur Vervollkommnung des Menschen als ein personales und soziales Wesen in der Begegnung und Auseinandersetzung mit anderen (Niehaus, 2010).

---

[2] Die international gebräuchliche Terminologie im Judo ist die japanische, welche auch hier beibehalten wird.

[3] Bei Regelungen, die international unterschiedlich gehandhabt werden, sind diejenigen des Deutschen Judo-Bundes (DJB) gemeint.

[4] Für weitere Ausführungen siehe unter anderem auch das Kapitel V bei Schmitt (2014).

2.2 Bedeutungsvolle Rahmenbedingungen des Judo

Im Judo existieren einige Symbole und Rituale, die verschiedene Rahmenbedingungen darstellen. Diese Symbole und Regeln der Etikette haben ihre Grundlage unter anderem im übergreifenden Wert des Respekts. Nach Kanos Intention soll Judo pädagogisch bedeutsam sein. Hierfür erscheint die Kenntnis der Prinzipien, Werte und Etikette notwendig, welche bei den Judoka jedoch nur zum Teil vorhanden ist (Tsafack, 2015).

2.2.1 Dojo, Judogi und Graduierung

Im mit den „Tatami" (japanische Reisstrohmatten) ausgelegten „Dojo" („Ort zum Üben des Weges") finden das Training und die Wettkämpfe statt. Im Wettkampf wird die Kampffläche mit Hilfe unterschiedlicher Farben der Tatami begrenzt. Die vier Wände des Dojos haben ihre je eigene Bedeutung, welche eine Atmosphäre gegenseitigen Respekts schaffen und ein konzentriertes, ablenkungsfreies Üben unterstützen soll. Eine normale Turnhalle kann zum Dojo werden (Kano, 2007; Lind, 2004; Lippmann, 2001).

Der „Judogi" (Judo-Bekleidung) besteht aus Jacke und Hose sowie einem der Graduierung des Trägers entsprechenden Gürtel (Kano, 2007). Der technische Fortschritt, die Verinnerlichung der Haltung im bzw. zum Judo und später auch der Beitrag des Judoka[5] zum Judo sollen sich in der Graduierung zeigen (Pöhler, 2014). Dabei durchläuft der Judoka zunächst die rückwärts gezählten „Kyu-Grade" (je nach Fortschritt immer dunkler werdende „Schüler-Grade") und dann die vorwärts gezählten „Dan-Grade" („Meister-Grade" in Schwarz, vom 6. bis 8. Dan alternativ auch in Rot-weiß und vom 9. bis 10. Dan alternativ auch in Rot). Die Grade können im Rahmen des DJB bis zum 5. Dan zunächst durch Prüfung und mit Ausnahme des 1. Dan auch durch Verleihung erreicht werden (Bayerischer Judo-Verband e.V., 2015; Pöhler u. a., 2014; Kano, 2007; Saldern, 2004; Lind, 2004; Hofmann, 1978). Im Wettkampf sollen Kämpferinnen ein sauberes weißes oder fast weißes kurzärmeliges T-Shirt oder einen entsprechenden Einteiler unter dem Judogi tragen (Deutscher Judo-Bund e.V., 2015b).

---

[5] Diejenigen, die Judo ausüben, nennt man „Judoka". Dabei ist „Tori" derjenige, der im entscheidenden Moment eine Technik ausführt und „Uke" derjenige, an dem dies geschieht. Beide sind im Übungsprozess für den jeweils anderen von größter Bedeutung.

2.2.2 Rei – Der Gruß als Ritual mit Botschaft

Vor und nach dem Üben bzw. Wettkämpfen verneigen sich die Judoka in geordnetem Judogi voreinander. Dies spielt im Judo eine große Rolle und geschieht einerseits aus der Tradition als japanische Zweikampf-Disziplin, hat aber im Kern auch eine sachliche und das Miteinander auf der Matte gestaltende Begründung. Hinter jedem „Rei" („Gruß", „Begrüßung", „Verbeugung") soll nicht Unterwürfigkeit, sondern Respekt vor dem Partner/Gegner stehen. Vor dem Üben wird damit die Botschaft gesendet, sich an die Regeln halten zu wollen. Nach dem Üben drückt es den gegenseitigen Dank aus. Hinzu kommt, dass das Verneigen der Konzentration dienlich ist (u.a. Pöhler u. a., 2014; Kano, 2007; Klocke, 2005; Mifune, 2004).

Die beiden Formen „Ritsu-Rei" (im Stand) und „Za-Rei" (im Kniesitz) werden in vielfältigen Situationen verwendet und folgen jeweils einem festen Ablauf. So kann durch das Rei beispielsweise ein Partner zum Üben aufgefordert werden. Das Za-Rei findet seine größte Bedeutung zu Beginn und am Ende einer jeden Übungsstunde, wenn sich die Judo-Schüler und -Lehrer gemeinsam voreinander verneigen, wobei sich die Schüler in einer nach Graduierung geordneten Reihe vor den ebenfalls nach Graduierung geordneten Lehrern befinden (u.a. Pöhler u. a., 2014; Kano, 2007; Klocke, 2005; Mifune, 2004).

2.2.3 Die Judowerte des DJB als gemeinsames Wertverständnis

Um zur Auseinandersetzung bzw. Diskussion über das Verhalten im Judo anzuregen, stellte der DJB einen Wertekatalog zusammen, der sich aus den Schriften Kanos, der japanischen Kultur bzw. Tradition und dem tatsächlichen bzw. gewünschten Umgang im Dojo ergibt. Diese „offiziellen Judowerte" sind Respekt, Höflichkeit, Wertschätzung, Selbstbeherrschung, Hilfsbereitschaft, Ehrlichkeit, Mut, Bescheidenheit, Ernsthaftigkeit und Freundschaft (Deutscher Judo-Bund e.V., 2015a). Die Werte schlagen sich in vielfältiger Form im Übungsprozess und in den Wettkampfregeln nieder. Als Beispiele seien hier der Umgang mit Unsportlichkeit bei Wettkämpfen und die Hygieneregeln zu nennen (Deutscher Judo-Bund e.V., 2015a; Tsafack, 2015).

2.3 Judo-Techniken

2.3.1 Systematik

Die großen Kategorien, in welche die Judo-Techniken eingeordnet werden können, sind die „Ukemi-waza" („Falltechniken"), die „Nage-waza" („Wurftechniken"), die „Katame-waza" („Festlegetechniken") und die „Atemi-waza" („Schlag-, Stoß- und Tritt-Techniken"). Traditionell gehörte auch „Kappo" (Wiederbelebung) dazu, was heutzutage kaum mehr eine Rolle spielt (Daigo, 2009; Kano, 2007; Ohlenkamp, 2006; Mifune, 2004; Velte, 1997).

Die Anwendung von Atemi-waza stellt im Judo-Wettkampf eine Regelverletzung dar, weshalb diese Techniken bei vielen Judoka keine Relevanz im häufig wettkampforientierten Trainingsalltag haben. Bei anderer Schwerpunktsetzung im Training spielen sie bei meist erfahreneren Judoka insbesondere in der Kata (s. u.) dennoch eine Rolle. Zuletzt gewannen sie wieder an Bedeutung, da sie erneut in das Kyu- und Dan-Prüfungsprogramm aufgenommen wurden (Daigo, 2009; Kano, 2007; Ohlenkamp, 2006).

Die Katame-waza können zwar zum Teil auch im Stand genutzt werden, haben jedoch ihren Hauptanwendungsbereich als „Ne-waza" („Bodentechniken"). Sie werden unterteilt in „Osae-komi-waza" („Festhaltetechniken"), „Shime-waza" („Würgetechniken") und „Kansetsu-waza" („Gelenk- bzw. Hebeltechniken"). Letztere sind im Wettkampf mit Ausnahme der Hebel der Ellenbogengelenke ebenso wie die Atemi-waza nicht erlaubt. Die genannten Unterkategorien beinhalten weitere Unterteilungen (Kodokan Judo Institute, o. J.; Daigo, 2009; Kano, 2007; Ohlenkamp, 2006; Velte, 1997).

Zuletzt definierte die von Jigoro Kano in Tokio gegründete Judo-Schule („Kodokan") 67 Grundformen der Nage-waza, welche unzählige Varianten aufweisen. Die Techniken werden unterteilt in erstens „Tachi-waza" („Standtechniken"), bei denen „Te-waza" („Handtechniken"), „Koshi-waza" („Hüfttechniken") und „Ashi-waza" („Fuß- bzw. Beintechniken") unterschieden werden, und zweitens in „Sutemi-waza" („Selbstfalltechniken"), bei denen „Masutemi-waza" („gerade Selbstfalltechniken") und „Yoko-sutemi-waza" („seitliche Selbstfalltechniken") unterschieden werden. Alleine im Standkampf ergeben sich durch diese Technikvielfalt und der Möglichkeit der Anwendung von „Renraku-waza" („Kombinationstechniken") und „Kaeshi-waza" („Kontertechniken") schier unendlich viele Situationen (Kodokan

Judo Institute, o. J.; Daigo, 2009; Kano, 2007; Ohlenkamp, 2006; Daigo, 2005; Mifune, 2004; Velte, 1997).

2.3.2 Kontrolle und Körperkontakt

Bei allen Techniken (mit Ausnahme der Ukemi-waza) spielt die durchgängige Kontrolle des Partners/Gegners eine wichtige Rolle. Bei den Nage-waza geschieht dies in der Regel zuerst durch das „Kuzushi" („Gleichgewichtsbruch") vor dem „Tsukuri" („Wurfansatz") und dem „Kake" („Abwurf").

Abgesehen von Übungsformen ohne Partner wie dem „Tandoku-renshu" ergibt sich bei allen Techniken zudem ein enger Körperkontakt. Dies trifft insbesondere auf die Nage-waza, noch mehr jedoch auf die Katame-waza zu. Bei den Osae-komi-waza beispielsweise liegt Tori je nach Technik seitlich, quer oder längs von den Füßen oder vom Kopf herkommend auf Uke und hält diesen nach bestimmten Kriterien fest. Bei allen Katame-waza ist sowohl die Zieltechnik als auch das Hinarbeiten darauf stets mit Toris enger Kontrolle von Uke verbunden.

2.3.3 Aufgabe

Die Schädigung des Uke ist bei den Judo-Techniken nicht das Ziel. Ausnahmen bilden die Atemi-waza, die im Wettkampf nicht erlaubt sind, und zum Teil die Katame-waza. Bei den im Wettkampf erlaubten Kansetsu-waza bzw. den Shime-waza ist es das Ziel, den Partner/Gegner zur Aufgabe zu zwingen, der damit Verletzungen bzw. die durch das potentiell tödliche Abdrücken der Hauptschlagader drohende Bewusstlosigkeit vermeiden will. Im Wettkampf wird dies als „Kiken-gachi" („Sieg durch Aufgabe") bezeichnet.

Bei allen auch im nächsten Unterpunkt beschriebenen Trainingsmethoden spielt die Möglichkeit zur Aufgabe eine wichtige Rolle. Diese begrenzt den Partner bzw. Gegner in seiner Handlungsfreiheit sowohl im Übungsprozess als auch im Wettkampf. Als allgemein anerkanntes Symbol für Aufgabe ist neben deren Verbalisierung („Maitta", „Stopp", „Hör auf" etc.) das mindestens zweimalige Abklopfen mit Händen oder Füßen auf der Matte oder dem Partner/Gegner festgelegt. Zusätzlich wird auch ein deutlicher Schmerzenslaut („Aua") als Stoppsignal verstanden. Im Wettkampf wird „Maitta" gerufen oder abgeklopft. Das deutliche Wirksamwerden einer Technik durch Verletzung oder Bewusstlosigkeit sollte vermieden werden, gilt im Wettkampf jedoch bei dadurch entstehender Kampfunfähigkeit ebenfalls als Sieg (Deutscher Judo-Bund, 2015b).

2.4 Training und Wettkampf

Zu den primären Trainingsmethoden im Judo zählen das „Randori" („freies Üben") und die „Kata" („Form"). Auch der „Shiai" („Wettkampf") war ursprünglich nicht als Ziel des Trainings, sondern als eine Methode zur Verbesserung des eigenen Judo gedacht (Niehaus, 2010; Kano, 2007; Ohlenkamp, 2006). Im Übrigen werden auch Kata-Meisterschaften durchgeführt, bei denen kooperierende Paare gegeneinander antreten.

2.4.1 Randori und Kata

Im Randori können Techniken mit vollem Krafteinsatz angewendet werden, da Jigoro Kano zur Reduzierung des Verletzungsrisikos und zur Effektivitätssteigerung die gefährlichsten Techniken auf die Kata beschränkte. Bei letzterer kooperieren die Partner vollständig miteinander, um auch die im Randori nicht mehr anwendbaren traditionellen Kampfmethoden üben und erhalten zu können. Das Za-Rei zu Beginn und am Ende, die Reihenfolge der Techniken und auch alle zu deren Ausführung gehörenden Bewegungen sind dabei genau festgeschrieben (Kano, 2007; Ohlenkamp, 2006). Dahingegen kann das Randori vielfältig gestaltet werden. Obwohl es wie auch die Kata weder Sieger noch Besiegten hervorbringt, wirken sich die jeweils aktuellen Wettkampfregeln für gewöhnlich direkt auf das Randori aus (Lippmann, 2001). Bei beiden Übungsformen ist eine hohe Verlässlichkeit zwischen den Partnern notwendig, da vor allem bei fehlender Kontrolle eine potentielle Verletzungsgefahr besteht.

2.4.2 Shiai – Wettkämpfe im Judo

Judo wurde als Sportart mit einem eigenen, sich ständig verändernden Regelwerk, eigenen Verbänden und eigenen Wettbewerben institutionalisiert (Ohlenkamp, 2006; Prahl, 2002). Der Shiai als dritte große Säule des Judo neben dem Randori und der Kata hat heutzutage eine tragende Bedeutung, auf die bereits folgende Formulierung in den Ausbildungsinhalten für Kyu-Grade hindeutet:

> *„Der Kerngedanke unserer Judoausbildung ist das moderne Technikverständnis: Judotechniken sind kein Selbstzweck! Sie sind bewährte Lösungen einer Kampfsituation, mit dem Ziel, den Gegner gegen dessen Widerstand mit Ippon zu besiegen" (Pöhler u. a., 2014, 15).*

Das Erzielen eines „Ippon" („Punkt") führt zu einem vorzeitigen Sieg. Im Gegensatz zu den beiden anderen primären Trainingsmethoden geht es hier also um das Ziel – das liegt in der Natur des Wettkampfs –, als Sieger hervorzugehen. Dabei findet das Sich-miteinandermessen geschlechtergetrennt innerhalb von Alters- und Gewichtsklassen statt. Die Regeln variieren zwischen den jeweiligen Altersklassen zum Teil. Wie bereits weiter oben beschrieben, geht es aber immer darum, in einer direkten körperlichen Auseinandersetzung, „die körperliche Kontrolle über [...] [den Gegner] unter Zuhilfenahme eines Anzuges herzustellen" (Lippmann, 2001, 194). Die Judoka können durch Nage- und Katame-waza unter Einhaltung verschiedener Kriterien unterschiedliche Wertungen erhalten. Zudem vergeben die Kampfrichter auch Strafen für bestimmte Verhaltensweisen, welche den Ausgang eines Wettkampfs ebenfalls entscheiden können (Deutscher Judo-Bund, 2015b).

2.4.2.1 Fairness im Shiai

Kampfregeln sichern ein gewisses Maß an Fairness im Judo. Die Judoprinzipien und -werte sollen jedoch über die offiziellen Wettkampfregeln hinaus Gültigkeit erfahren. Dies gilt auch für den Übungsprozess, bei dem zwar in der Regel ein Judo-Lehrer, aber kein Kampfrichter anwesend ist. Erfahrbar wird dies vor allem im häufig wettkampfnahen Randori. Dem moralischen Prinzip entsprechend stehen das beiderseitige Wohlergehen und die jeweilige Sicherheit vor dem technischen Fortschritt und dem Sieg (Tsafack, 2015; Niehaus, 2010; Klocke, 2006; Ohlenkamp, 2006). Zusätzlich zu Kontrollmechanismen von außen soll jeder Judoka seine Partner und Gegner aus seinem eigenen Gewissen heraus gut behandeln. Hier wird die Wichtigkeit dessen Ausbildung deutlich, die im Rahmen eines Erziehungs- und Sozialisationsprozesses geschehen muss. In diesem Zusammenhang hat Judo bereits in seinem Ursprung einen hohen Anspruch an sich selbst.

Auch innerhalb der Wettkampfregeln findet sich dieser Ansatz im Judo. So ist in den aktuellen Regeln folgender Passus festgelegt: „Jede Handlung gegen den Geist des Judo kann sofort mit Hansoku-make bestraft werden, zu jeder Zeit des Wettkampfes" (Deutscher Judo-Bund, 2015b, 37). Hierunter fällt unter anderem unsportliches bzw. abfälliges Verhalten. Mit „Hansoku-make" („Disqualifikation") werden der vierte leichte Regelverstoß innerhalb eines Kampfes sowie alle schweren Regelverstöße bestraft. Hierzu gehört auch die Anwendung verletzungsträchtiger Techniken wie „Kawazu-Gake". Auch sind die Regeln an die unterschiedlichen Altersklassen angepasst, um Verletzungen und nachhaltige Frustrationserlebnisse zu vermeiden. Als Symbol für die Absicht, sich fair zu verhalten, dient auch im Wettkampf das Rei, welches zu Beginn und am Ende Pflicht ist (ebd.; Kano, 2007).

2.4.2.2   Die Rolle der Kampfrichter im Shiai

Die Art und Weise wie und in welcher Anzahl Kampfrichter über das Geschehen auf den Tatami urteilen, unterliegt einem Entwicklungsprozess und hängt unter anderem von den technischen Möglichkeiten und auch vom Wettkampfniveau ab. Die Kampfrichter auf bzw. an der Wettkampfläche und zum Teil die sogenannte Kampfrichterkommission bewerten die Ausführung von Techniken. Außerdem wachen sie über die Einhaltung der Regeln und reagieren entsprechend auf Regelübertritte und Verletzungen. Im Zusammenhang mit Grenzüberschreitungen gehören zu den wichtigsten Kompetenzen das Unterbrechen und Beenden des Kampfes unter Beachtung des Verhaltens der Judoka sowie der begrenzenden Rahmenbedingungen Zeit und Wettkampffläche.

Zur Kommunikation mit den Kämpfern und den Offiziellen (z. B. Zeitnehmer) nutzen sie neben der Sprache auch eine große Anzahl an Handzeichen. Als wichtigste begrenzende Kommandos gelten „Mate" („Warten") und das seltener verwendete „Sono-mama" („nicht bewegen"), welches seinen Anwendungsbereich nur in Ne-waza-Situationen findet. Zu Beginn und nach jeder Unterbrechung startet der Kampf erst wieder mit dem Kommando „Ha-jime" („Beginnt!") bzw. nach „Sono-mama" mit „Yoshi" („Weitermachen"). Der Kampf endet mit „Sore-made" („das ist alles") (Velte, 1997).

Für verbotene Handlungen sprechen die Kampfrichter Strafen aus. Es wird derzeit unterschieden in „leichte" Regelverstöße, für die es eine Verwarnung durch ein „Shido" gibt und in „schwere" Regelverstöße, wonach es zur Disqualifikation durch „Hansoku-make" kommt. Mit Ausnahme des selbstgefährdenden Diving und von Aktionen mit Händen und/oder Armen unterhalb des Gürtels kommt es bei einer Disqualifikation zusätzlich zur Niederlage im aktuellen Kampf auch zum Turnierausschluss. Hansoku-make wird ebenfalls ausgesprochen, wenn einer der Judoka seinen Gegner durch eine absichtliche Aktion verletzt, und dieser dadurch kampfunfähig wird (Deutscher Judo-Bund, 2015b; Velte, 1997).

2.5   Erziehung und Judo

Wie bereits angesprochen, spielt der Erziehungsgedanke eine große Rolle im Judo. Jigoro Kano war selbst Pädagoge und hatte die Absicht, mit der Entwicklung des Judo gleichzeitig ein Erziehungssystem zu etablieren. Vielen deutschen Judoka fehlen hierzu Kenntnisse (Tsafack, 2015). Dennoch sind Kanos Ansichten zur Erziehung neben Alltagstheorien teilweise unter Judoka bekannt und bilden zum Teil die Grundlage für die Gestaltung des Lebens auf den Tatami und darüber hinaus. Dieses Erziehungssystem soll nur in seinen Grundzügen dargestellt werden, da es zum einen bereits eine Fülle an Literatur zum pädagogischen Wert des Judo und auch ergiebige Zusammenfassungen von Kanos Auffassungen zur Erziehung gibt (u.a. Niehaus, 2010; Pöhler, 1999 & 2004; Tsafack, 2015) und zum anderen, weil bei dieser Arbeit das Augenmerk auf der Verschränkung von für die Pädagogik relevanten Perspektiven im Zusammenhang mit Grenzen und Grenzüberschreitungen liegt.

Bevor auf Kanos Gedanken zur Erziehung eingegangen wird, wird die Lehrer-Schüler-Beziehung im „Budo" („Weg des Kriegers"; Oberbegriff für die japanischen Kampfkunstmethoden unter dem Aspekt des Weges), in dessen Tradition sich Judo einreiht, kurz beschrieben.

2.5.1 Shitei – Die traditionelle Lehrer-Schüler-Beziehung im Budo

Das traditionelle Verhältnis im Budo zwischen einem „Sensei" (übliche Anrede für „Lehrer", „Meister"; auch „Professor", „Arzt") und einem „Deshi" („Schüler", „Lernender") bzw. „Senpai" („älterer (Mit-)Schüler") heißt „Shitei" (Neumann, 2004; Lind, 2004; Velte, 1997).

Wenn der Judo-Lehrer über das Trainer-Dasein hinaus auch Sensei sein möchte, muss er dem Deshi mit Hilfe der Technik („Jutsu") den Weg („Do") zeigen. Das Ziel ist dabei der vollendete Mensch. Dabei unterstützt er das, was die Persönlichkeit des Schülers ausmacht, statt diesen lediglich zu bestehenden Werten hinzuführen (Neumann, 2004; Saldern, 2004; Lind, 2004).

Der Deshi hat die Möglichkeit, vom Technikschüler zum Wegschüler zu werden (Lind, 2004). Dabei steht er auch unter dem Einfluss des Senpai, zu dem er später selbst wird und dessen Unterweisung durch den Sensei abnimmt (Saldern, 2004).

Durch ein Abkommen zwischen Lehrer und Schüler entsteht erst das, was unter Shitei zu verstehen ist. Die Vereinbarung beinhaltet auf der einen Seite das Versprechen des Deshi, sich um eine angemessene Haltung zu bemühen und auch seine eigene Persönlichkeit in die Kampfkunst einzubringen. Auf der anderen Seite besteht das Versprechen des Sensei darin, dem Schüler den Weg zu zeigen, dessen Hindernisse dieser schon kennt, weil er sich bereits länger auf diesem Weg befindet. Die Grundlage für diese Beziehung bildet von Anfang an gegenseitige Achtung und gegenseitiges Vertrauen. Das zunächst hierarchische Verhältnis wird zunehmend zu einem partnerschaftlichen (Saldern, 2004; Neumann, 2004; Grundmann, 1983).

2.5.2 Erziehung bei Jigoro Kano

Für Kano liegt die Aufgabe der Erziehung in der Ausbildung eines dem einzelnen Menschen als Gemeinschaftswesen im Zusammenhang mit der Gesellschaft, der Nation und dem Staat nützlichen Verhaltens. Von der Erziehung soll dementsprechend der Einzelne und jede Gemeinschaft, in der sich dieser befindet, profitieren. Er verfolgte dabei auch einen patriotischen Ansatz im Sinne der Stärkung der Gesellschaft, welcher, wie auch sein pädagogischer Ansatz insgesamt, unter dem Gesichtspunkt der damaligen Zeit bewertet werden muss (Niehaus, 2010; Pöhler, 1999). Innerhalb der zu Kanos Lebzeiten hierarchisch strukturierten Gesellschaft ist in seinem Prinzip des wechselseitigen Gedeihens vielmehr ein pragmatischer und praktischer als ein ideologischer Ansatz zu sehen. Loyalität und Verantwortung bzw. Pflichtbewusstsein spielten im Rahmen seiner Vorstellung von Moral eine wichtige Rolle. Normen und dahinterstehende Werte hinterfragte er jedoch gründlich, was eine grundsätzliche Offenheit gegenüber einem Wandel der Zeit vermuten lässt (Niehaus, 2010). Für die Umsetzung der beiden Prinzipien seien zwar Selbstdisziplinierung und Mäßigung notwendig, eine späte Formulierung Kanos relativiert allerdings seine Konzentration auf staatliche Zwecke: „… sich selbst aufzugeben, ist keinesfalls gleichzusetzen mit Sittlichkeit" (Kano, 1933 In: Niehaus, 2010, 162). Auch im Judo-Unterricht war er der Meinung, diesen an den individuellen Fähigkeiten der Kinder auszurichten und stellte sich damit gegen die allgemein verbreitete Unterrichtsmethode, der Gesamtgruppe Befehle zu erteilen. Auch distanzierte er sich von der traditionellen Methode des Demonstrierens und Imitierens und ergänzte die physische Dimension des Lernens durch die verbale, kognitive Auseinandersetzung mit Hilfe von „kogi" („Vortrag") und „mondo" („Frage und Antwort") (Niehaus, 2010).

Kanos Blick auf den einzelnen Menschen war gekennzeichnet von einer gegenseitigen dialektischen Angewiesenheit von Körper und Geist. „Beide scheinen getrennt, sind aber eins. Sie scheinen eins, sind aber getrennt. Die geistige Entwicklung braucht eine körperliche Basis und die körperliche Entwicklung erfordert die Kraft des Geistes" (Kano, 1917 In: Niehaus, 2010, 148).

An der japanischen Gesellschaft kritisierte Kano, dass es eine zu starke Betonung der kognitiv-intellektuellen Erziehung gebe und es an der körperlichen und moralischen fehle. Im Judo sah er ein ganzheitliches Erziehungssystem, welches in den drei Judo-Systemen der Leibes-übungen, des Kampfes und der Moral wirke. Ziele seien zusammengefasst: Stärke, Gesund-heit und Nutzbarkeit (Tsafack, 2015; Niehaus, 2010).

3 Perspektiven auf Freiheiten und Grenzen

Es gibt sie: Grenzen und deren Überschreitungen. Aber was ist der Maßstab? Oder vielmehr: Was sind die Maßstäbe? Wenn man bei google.de das Wort „Grenzen" eingibt, erscheint bei 21 der ersten 30 Suchergebnisse das Wort „ohne" vor dem eigentlich Gesuchten. Warum das so ist? Vermutlich liegt es daran, dass Grenzenlosigkeit (als Chance, also im Sinne von Freiheit) am einfachsten über deren Gegenpole – also beispielsweise der Grenze – definiert und verstanden werden kann (Schmitt, 2014; Rawls, 1979; Litt, 1948). Für das soziale Miteinander wird es interessant, sobald die Grenzenlosigkeit des einen die Freiheit des anderen einschränkt. Das heißt: Die relative Freiheit eines jeden Einzelnen hat nicht nur ihre Beschränkung, sondern auch ihre notwendige Bedingung in der Begrenzung bzw. der Möglichkeit zur Begrenzung. Aufgrund dessen wird es im Folgenden nicht nur um Grenzen, sondern auch um Freiheiten gehen.

Es wird hier aus unterschiedlichen Perspektiven auf Freiheiten und Grenzen eingegangen und deren Bedeutungen für das Judo herausgearbeitet. Juristische, psychologische und pädagogische *Perspektiven*[6] verschränken sich, haben Schnittmengen, und haben doch ihren jeweils eigenen Fokus. Denn: kriminell ist nicht gleich delinquent. Und Gesetzestreue ist nicht gleich Normalität. Freiheit ist auch Risiko und Probleme sind auch Herausforderungen.

3.1 Juristische Perspektive

„es führte ein Weg von der Gewalt zum Recht, aber welcher? Nur ein einziger, meine ich. Er führte über die Tatsache, dass die größere Stärke des Einen wettgemacht werden konnte durch die Vereinigung mehrerer Schwachen. ‚L'union fait la force.' Gewalt wird gebrochen durch Einigung, die Macht dieser Geeinigten stellt nun das Recht dar im Gegensatz zur Gewalt des Einzelnen. Wir sehen, das Recht ist die Macht einer Gemeinschaft. Es ist immer noch Gewalt, bereit, sich gegen jeden Einzelnen zu wenden, der sich ihr widersetzt, arbeitet mit denselben Mitteln, verfolgt dieselben Zwecke; der Unterschied liegt wirklich nur darin, dass es nicht mehr die Gewalt eines Einzelnen ist, die sich durchsetzt, sondern die der Gemeinschaft" (Freud, 1949, S. 2).

---

[6] Im Zusammenhang mit sozialen Normen und zwischenmenschlichen Grenzen erscheint auch eine Untersuchung aus soziologischer Perspektive auf das Thema dieser Arbeit interessant. Hierauf wird jedoch verzichtet, da sich durch die juristische Auseinandersetzung mit extern vorgegebenen Normen und durch die psychologische Auseinandersetzung mit Identität und der Ausbildung einer inneren moralischen Instanz ausreichend Schnittmengen ergeben, die für eine pädagogische Betrachtung im Rahmen dieser Arbeit ausreichen.

In seinem Briefwechsel mit Albert Einstein zeigte Sigmund Freud auf, dass sich das Recht als Grenzsetzung gegen Einzelne – Stärkere – etabliert habe. Zusätzlich erfüllt das Recht in gesetzgeberischer Hinsicht eine Steuerungsfunktion und reagiert auf Veränderungen in den Wertvorstellungen der Bevölkerung. Als externes Kontrollsystem, gesellschaftliches Regulativ und (streitbares) allgemeines Wert- und Normverständnis spielen juristische Maßstäbe für die Pädagogik eine wichtige inhaltliche Rolle. Aufgrund dessen soll näher auf diese Perspektive – und auf sich daraus ergebende Unklarheiten für Handlungsgrenzen des Einzelnen im Sport – eingegangen werden.[7]

3.1.1 Allgemeine Gesetzeslage

Als „Auffanggrundrecht" gewährleistet Art. 2 Abs. 1 GG: „Jeder hat das Recht auf die freie Entfaltung seiner Persönlichkeit, soweit er nicht die Rechte anderer verletzt und nicht gegen die verfassungsmäßige Ordnung oder das Sittengesetz verstößt". Als sogenanntes Jedermanngrundrecht beschreibt es die allgemeine Handlungsfreiheit, welche für alle gilt. In Verbindung mit Art. 1 Abs. 1 GG, welcher die Unantastbarkeit der Würde des Menschen schützt, leitet sich daraus das allgemeine Persönlichkeitsrecht ab, welches die Aspekte der Selbstbestimmung, -bewahrung und -darstellung im Zusammenhang mit dem eigenen Selbstentwurf schützt (Pieroth & Schlink & Kingreen & Poscher, 2014; Altevers, 2014). Hierbei und auch sonst sind nach Art. 3 Abs. 1 GG alle Menschen vor dem Gesetz gleich und nach Art. 19 Abs. 2 GG darf keines der Grundrechte in seinem Wesensgehalt angetastet werden.

Nun ist es so, dass die Grundrechte primär „Abwehrrechte des Einzelnen gegen staatliche Willkür" (Altevers, 2014, 10) sind und Private grundsätzlich nicht an diese gebunden sind (ebd.). Allerdings gelten sie als verfassungsrechtliche Grundentscheidungen für alle Bereiche des Rechts. Es handelt sich dabei um eine „Ausstrahlungswirkung" (Heermann, 2013c) auch in das Privatrecht hinein, womit die Grundrechte deshalb mittelbar auch Bedeutung für die privatrechtlichen Beziehungen zwischen Sportlern und Sportorganisationen haben. Dies geschieht insbesondere durch eine grundrechtsorientierte Auslegung von Generalklauseln des Zivilrechts und von unbestimmten Rechtsbegriffen. Hier ist beispielsweise der Begriff der „guten Sitten" zu nennen. Obwohl also auch die Ausgestaltung von Sportrechtsverhältnissen und -beziehungen zunächst Angelegenheiten des Privatrechts sind – durch Vertrag und

---

[7] Wenn hier von der Gesetzeslage die Rede ist, handelt es sich um diejenige der Bundesrepublik Deutschland. Aufgrund mangelnder Relevanz für diese Arbeit wird auf die Angabe von Grundsatzurteilen verzichtet.

durch vereins- und verbandsautonome Rechtsetzung die grundrechtlichen Freiheiten also beschränkt werden können – muss eine Bewertung dieser Ausgestaltung auch im Hinblick auf die Grundrechte aller Beteiligten geschehen (Altevers, 2014; Heermann, 2013c). Sofern einer der Beteiligten weder vereinsrechtlich noch vertraglich an das Verbandsrecht gebunden ist, gilt dieses auch nicht (Heermann, 2013b).

Aufgrund des „sozialen Wert- und Achtungsanspruch[s], der dem Menschen als solchen zukommt" (Heermann, 2013c), darf der Mensch nicht zum bloßen Objekt Dritter gemacht werden. Das heißt: „Niemand kann etwas rechtsverbindlich versprechen und niemand kann sich zu etwas rechtsverbindlich verpflichten, was die Menschenwürde verletzt" (ebd.). Dies widerspräche der nach Art. 1 Abs. 1 GG gewährleisteten Unantastbarkeit der Menschenwürde, welche der Staat in allen Lebenslagen und -bereichen zu schützen verpflichtet ist (ebd.).

Neben diesen Einschränkungen in der Gestaltung privatrechtlicher Beziehungen wird dem Sport durch das Grundrecht der Vereinigungsfreiheit nach Art. 9 Abs. 1 GG große Autonomie zugestanden. Es ist das Recht, Vereine und Gesellschaften zu bilden und daran teilzunehmen. Hierzu gehören ebenso die Freiheit, einer Vereinigung fernzubleiben, wie auch die Bildung eigener sportbezogener Werte sowohl im engeren als auch im weiteren, sportethischen Sinne. Das heißt, das Selbstverständnis des Sports, also auch das, was als sportlich oder als fair gilt, bleibt frei von staatlicher Einwirkung (Heermann, 2013c).

Es ist also keinesfalls so, dass sich das Sportrecht außerhalb des staatlichen Rechts befindet. Und gleichzeitig wird auf Besonderheiten des Sports im Allgemeinen und einzelner Sportarten geachtet, um das Sporttreiben verbandsmäßig zu ermöglichen (Heermann, 2013b). Unter Berücksichtigung des Grundsatzes der Verhältnismäßigkeit ist also die Herausforderung zu bewältigen, die richtigen Grenzen zwischen der Autonomie des Sports und staatlichem Recht zu ziehen (Piroth & Schlink, & Kingreen & Poscher, 2014; ebd.). Man stelle sich vor, jede Schiedsrichterentscheidung wäre (auch im Hinblick auf Berufssportler) im Rechtsschutz vor staatlichen Gerichten überprüfbar oder ein Kampfsportler hätte bei jeder Verletzung einen Anspruch auf Schadensersatz!

3.1.2 Körperverletzung als besonderer Konfliktbereich

Art. 2 Abs. 2 Satz 1 GG: „Jeder hat das Recht auf Leben und körperliche Unversehrtheit". Im Sport allgemein – und insbesondere unter dem Gesichtspunkt der in dieser Arbeit nachgegangenen Fragestellung nach Grenzüberschreitungen im Judo – stellt sich die Frage, wie mit den Straftatbeständen der Körperverletzung (§§ 223 ff StGB) und der Tötung (§§ 212, 222 StGB) umgegangen wird. Grundsätzlich gilt das staatliche Strafrecht auch im Sport, was sich v.a. aus dem § 1 StGB ableiten lässt, da sonst ein rechtsfreier Raum bestünde (Werkmeister, 2009). Sowohl bei der straf- als auch bei der zivilrechtlichen Haftung nach §§ 823 ff BGB sowie bei weiteren Anspruchsgrundlagen wird unterschieden zwischen nebeneinander durchgeführten Sportarten und Kampfsportarten, zu denen neben den klassischen Zweikampfsportarten wie Boxen auch die meisten Mannschaftssportarten gehören. Dabei wird ein gewisses Verletzungsrisiko in Kauf genommen. Von besonderer rechtlicher Relevanz ist die Einhaltung der Regeln, welche bei Körperverletzungen auch den Unterschied zwischen dem Eingreifen der rechtfertigenden Einwilligung, die ihre Grenzen in § 228 StGB findet, und dem Verstoß gegen die „guten Sitten" macht. Hier stellt sich erneut die Frage nach der Grenzziehung zwischen sporttypischen, leicht fahrlässigen Regelverletzungen (z.B. aus Übereifer, Unüberlegtheit, Übermüdung, technischem Versagen) und groben, erheblich risikobehafteten Verstößen inkl. der für den Täter subjektiven Vorhersehbarkeit von Verletzung und/oder Tod des Geschädigten, bei denen unter Umständen auch noch vorsätzliches Handeln (inkl. Eventualvorsatz) unterstellt werden kann (Heermann, 2013a, c und d; Muders, 2013; Werkmeister, 2009).

3.1.3 Schutzbefohlene

Eine besondere Stellung nehmen Personen ein, die in der Obhut anderer stehen. Im Strafrecht wird auf dieses Verhältnis gesondert im Rahmen der §§ 174, 225 StGB eingegangen. Der zivilrechtliche Anspruch auf Schadensersatz bei Bestimmung zu sexuellen Handlungen durch Missbrauch eines Abhängigkeitsverhältnisses findet sich in § 825 BGB.

Sexueller Missbrauch bzw. Misshandlung von Schutzbefohlenen spielt auch im verbandsorganisierten Sport eine gewichtige Rolle, da je nach Ausgestaltung des Einzelfalls vor allem im Kinder- und Jugendsport, beispielsweise aber auch im Sport mit erwachsenen Behinderten, die Trainer-Schüler-Beziehung ein derartiges Verhältnis aufweist. Unter Misshandlung fällt im rechtlichen Sinne auch die böswillige Vernachlässigung der Fürsorgepflicht. Interessant ist in diesem Zusammenhang auch die Frage nach der Verantwortung hinsichtlich einer Garantenstellung von Trainern und Kampfrichtern bei „Begehen durch Unterlassung" nach § 13 StGB.

3.1.4 Die juristische Perspektive auf Judo

In Form des moralischen Prinzips, der Judowerte und weiteren Symbolen und Ritualen gibt es im Judo einige Ansätze, die das sportethische Verständnis und die Werthaltungen der Judoka sowie deren konkretes Verhalten im Übungsprozess und Wettkampf aktiv beeinflussen. Art. 9 GG bildet die rechtliche Grundlage dafür. Die genannten Ansätze können als idealistischer Anspruch des Judo und auch als Versuch gewertet werden, Judo als potentiell verletzungsträchtige Kampfsportart, in der es das Ziel ist, Überlegenheit in einer körperlichen Auseinandersetzung zu gewinnen, von juristischen Konflikten fernzuhalten. Als Gegenpol zu diesen Versuchen steht in erster Linie die im Wettkampfsport übliche künstliche Knappheit von Siegerpodesten, für deren Besteigung im Vorfeld in der Regel großer Ehrgeiz notwendig ist. Ehrgeiz ist im Übrigen kein offizieller Judowert und findet seine Beschränkung vor allem in den Werten Respekt und Selbstbeherrschung. Selbstverständlich gilt das auch im Übungsprozess, bei dem es zum Teil auch andere Motive für vorsätzliches, überambitioniertes oder fahrlässiges Fehlverhalten gibt. Für Kano waren Selbstdisziplin und Mäßigung Schutz vor diesen Gefahren. Als weitere protektive Werte können Hilfsbereitschaft und Freundschaft gezählt werden.

Der Vollständigkeit halber sollte im Zusammenhang mit Art. 9 GG noch erwähnt werden, dass Judoka die Freiheit haben, dem DJB und denen in ihm integrierten Vereinen fernzubleiben. Weiterhin dürfen sie – vor allem im Hinblick auf Spitzensportler – sich nicht zu sittenwidrigem Verhalten verpflichten.

Rechtlich relevant sind insbesondere vorsätzliche Körperverletzungen. Dies gilt auch dann, wenn die Verletzung nicht das Ziel war, aber deren Möglichkeit in Betracht gezogen und in Kauf genommen wurde. Im Wettkampf fallen Handlungen, die mit Hansoku-make bestraft werden, unter die schweren Regelverstöße. Unter Beachtung des Grundsatzes der Verhältnismäßigkeit könnten durch diese Definition alle darin inkludierten Verhaltensweisen, die den Gegner beleidigen, gefährden oder schädigen, rechtliche Konsequenzen haben. Insgesamt ist die Rechtslage diesbezüglich komplex und wissenschaftlich nicht gänzlich geklärt. In der Praxis kommt es in der Regel nicht zur außerverbandlichen Klärung.

Die Grauzonen für Handlungsgrenzen aus der juristischen Perspektive sind dementsprechend groß und dadurch, dass Gerichte in der Regel nicht als Korrektiv hinzugezogen werden, bleibt dem Judo ein großer Spielraum für die Ausgestaltung seines Selbstverständnisses in sportethischer Hinsicht. Dies lässt die Verantwortung und Notwendigkeit für eine pädagogische Aufarbeitung dieses Themas umso deutlicher werden. Die juristische Unschärfe gilt für die kämpfenden Judoka sowohl im Übungsprozess als auch im Wettkampf, zum Teil aber auch für Judo-Lehrer und Kampfrichter, da diese als Garanten in Betracht kommen.

Zur Veranschaulichung sei hier ein Beispiel mit Grauzonen für die Beteiligten genannt: Tori wandte eine Kansetsu-waza wirksam an und es kam dadurch zu einer schweren Gelenkverletzung des anderen. Uke gab ein Zeichen für Aufgabe.

- Der *Judo-Lehrer* hatte die Verantwortung für die Gestaltung des Übungsprozesses und musste diesen im Überblick haben. Hat er die Schüler angemessen über die Möglichkeit zum Geben eines Zeichens für Aufgabe und die Bedeutung dessen für Tori aufgeklärt? Hat er sichergestellt, dass bei den Schülern die Voraussetzungen zum Üben der Technik gegeben waren (Alter/Reife, Verständnis für Technikprinzip und -wirkung etc.)? Hatte er die Schüler beim Üben der gefährlichen Technik im Blick?

- Im Shiai muss der *Kampfrichter* den Kampf unterbrechen. Zu welchem Zeitpunkt hätte er das tun müssen? Was hätte er tun müssen, um vorzeitig zu reagieren? Welche Unterschiede gibt es in den jeweiligen Altersklassen?

- Hätte *Tori* die Technik abbrechen müssen, ohne dass er vom Kampfrichter das Kommando dazu bekommt? Und wenn ja: Zu welchem Zeitpunkt hätte er das tun müssen? Welche Konsequenzen hätte das für ihn gehabt?

- Wie verändern sich die Verantwortungsbereiche, wenn der Unterlegene kein Zeichen zur Aufgabe gegeben hat?

- Wie verändert sich die rechtliche Relevanz, wenn man zusätzlich die Frage nach Fahrlässigkeit und Vorsatz mit einbezieht?

Der Vollständigkeit halber sei hier noch darauf hingewiesen, dass das Anwenden von Judotechniken außerhalb verbandlich organisierter Veranstaltungen nicht unter das Vereins- bzw. Verbandsrecht fällt und dementsprechend straf- und zivilrechtlich anders behandelt wird.

3.1.5 Außenperspektive

Auch wenn mittelbare Änderungen der inneren Haltung durch juristische Vorgaben und Konsequenzen vorstellbar sind, richten sich Eingriffe des Staates unmittelbar nur auf die äußeren Umstände. Da es andernfalls zu Verletzungen der Intimsphäre kommen würde, bezieht sich also auch das oben beschriebene Auffanggrundrecht alleine auf das (von außen sichtbare) Verhalten (Detlefsen, 2006).

3.2 Psychologische Perspektive

Mit der inneren Sicht der Dinge – also mit den Prozessen, auf die über das Verhalten und über Aussagen lediglich geschlossen werden kann – beschäftigt sich die Psychologie als empirische Wissenschaft. Ihr Ausgangspunkt und Ziel ist das Individuum (Mummendey, 2006). In pädagogischen Überlegungen und im erzieherischen Handeln werden die Erkenntnisse und Methoden der Psychologie mit einbezogen. Pädagogische und psychologische Interessen verschränken sich in normativer Hinsicht in den Prozessen der Identitätsentwicklung und der Ausbildung einer moralischen Instanz.

3.2.1 Identität und Abgrenzung

Als wichtiger Begriff im Zusammenhang mit Entwicklung und Abgrenzung gilt die Identität. Denn: „Grenzen erzeugen und ermöglichen Identität" (Kopp-Wichmann, 2013). „Indem ich "ICH" sage, grenze ich mich ab gegen all das andere, was eben "Nicht-ICH" ist" (ebd.).

Zunächst ist mit Identität ganz allgemein die einzigartige Kombination persönlicher, unverwechselbarer Daten des Individuums gemeint. Menschen unterscheiden sich, sonst wären sie „identisch". In einem weiteren Sinne existiert eine Identität auch für Gruppen oder Personenkategorien (Oerter & Dreher, 2008).

In der Jugend spielen die Identitätsbildung und -reflexion eine entscheidende Rolle für die persönliche Entwicklung. Als psychologisches Konstrukt handelt es sich bei der Identität um die einzigartige Persönlichkeitsstruktur und wie diese von anderen wahrgenommen wird. Die Gesamtheit der auf die eigene Person bezogenen Prozesse, also der Kern dieses Persönlichkeitssystems im ontologischen Sinne nennt sich „Selbst", welches im funktionalen Sinne als Akteur gilt (Oerter & Dreher, 2008 nach Ryan, 1993 & Bandura, 1977 & Kuhn, 1964; Mummendey, 2006).

Aus phänomenologischer Sicht bilden das Selbstwertgefühl und das Selbstvertrauen als affektive Komponenten sowie die Selbstwahrnehmung und das Wissen von sich selbst als kognitive Komponenten zusammen das Selbstkonzept (Oerter & Dreher, 2008 nach Oerter,

1989). Mummendey (2006) bezeichnet das Selbstkonzept dementsprechend als „die Gesamtheit der auf die eigene Person bezogenen Beurteilungen" (25) oder auch als „Gesamtheit [...] der Einstellungen zur eigenen Person" (38) als relativ konstantes Ergebnis kognitiver, affektiver und konativer Prozesse. Bei letzterer Bezeichnung findet neben der Kognition und der Emotion auch die Motivation ihren Platz (ebd.). Als integraler Bestandteil des Selbstkonzepts finden sich speziell auch das Körper- sowie das Fähigkeitskonzept (Oerter & Dreher, 2008; nach Oerter, 1989; Daig, 2006).

Auch die soziale Identität ist Teil des Selbstkonzeptes. Sie entsteht aus dem Wissen über die eigene Zugehörigkeit zu für die eigene Person wert- bzw. bedeutungsvollen sozialen Gruppen (Oerter, 2008 nach Tajfel, 1978).

Unter dem Aspekt der sozialen Identität betrachtet, sind Normen innerhalb einer Gruppe internalisierte kognitive Strukturen, die die Wahrnehmung, die Affekte, die Einstellungen und das Verhalten definieren und vorschreiben. Der Prozess der Depersonalisation sichert dann ein den Eigenschaften der Gruppe entsprechendes Verhalten (Hogg, 2003).

Da die Abgrenzung zu anderen über die Unterschiedlichkeiten untereinander geschieht, wird in der Identifikation mit einer Gruppe auch eine Ursache für die Diskriminierung von anderen gesehen. Von besonderer Relevanz ist dies während des Übergangs zu einer sozialen Identität im Rahmen der kindlichen Entwicklung, da die eigene Gruppe zu diesem Zeitpunkt vorbehaltlos und unkritisch bewertet wird (Oerter, 2008; Hogg, 2003). Vergrößert wird die Gefahr der Diskriminierung durch die individuelle Disposition, sich der Eigengruppe unterzuordnen und konform mit den Gruppennormen zu handeln, da dies mit der Übernahme von Vorurteilen und der Neigung, andere zu diskriminieren, oder sich ihnen gegenüber aggressiv zu verhalten, zusammenhängt (Zick & Küpper, 2007).

3.2.2 Gewissen

Der Umfang an Theorien und Forschungsansätzen zur Ausbildung eines Gewissens ist groß. Neben der Annahme, dass es eine biologische Veranlagung zur Empathie und zum moralischen Handeln gibt, ist es wissenschaftlich umstritten, in welchem Verhältnis die Anteile von Emotionen und Kognitionen als Grundlage für moralisches Verhalten stehen (Heidbrink, 2008; Hastings & Zahn-Waxler & McShane; 2006). Die Forschung bringt hierzu noch wenige eindeutige Ergebnisse (Oerter & Dreher, 2008). Eine Sichtweise auf diese wissenschaftlich diskutierte These des moralischen Verhaltens ist ein kognitiver Ansatz, der eine moralische (theoretische) Begründung als ursächlich für das jeweilige Verhalten annimmt (Heidbrink, 2008; Gibbs, 2008; Solomon & Watson, 2008). Dies würde für eine größere Notwendigkeit theoretischer Reflexion und der kognitiven Auseinandersetzung mit potentiell moralisch relevanten Erfahrungen sprechen.

Es gibt aber auch Gründe zu der Annahme, dass moralische Entscheidungen überwiegend intuitiv getroffen werden. Vielleicht wird also weniger gedacht als gerne angenommen (Heidbrink, 2008; Gibbs, 2008; Solomon & Watson, 2008). Für die Ausbildung eines Gewissens wäre dementsprechend die Entwicklung von Emotionen von großer Bedeutung. Verschiedene Ereignisse, die gleiche Emotionen oder gleiche Valenzen auslösen, werden durch ebendiese verbunden. Durch eine durch emotionale Assoziationen stattfindende Organisation von Erfahrungen, welche in das Selbst integriert werden, wird die Rolle der eigenen Gefühlswelt für die Identität deutlich. (Oerter & Dreher, 2008 nach Haviland-Jones & Kahlbaugh, 2000).

Wenn es hier um Grenzen geht, spielt ein wichtiger Aspekt der Emotionen eine wichtige Rolle: die Empathie, mit Hilfe derer der emotionale Zustand anderer und damit auch deren persönliche Grenzen nachvollzogen werden können. Bei der Entwicklung von Empathie ist die Fähigkeit zur Kontrolle der eigenen Gefühle entscheidend, da es bei einer Überwältigung durch die hervorgerufenen Emotionen zu Vermeidungsverhalten kommt, was dann weiterhin zu mangelnder Empathie führt (Oerter & Dreher, 2008 nach Eisenberg & Fabes & Schaller & Carlo & Miller, 1991 & Davis & Francoi, 1991; Eisenberg, 2000).

3.2.3 Reaktionen auf Grenzüberschreitungen

Es gibt einige psychische Störungsbilder, für deren Auftreten bestimmte belastende Lebensereignisse eine Rolle spielen. Und es gibt Störungen, für die eine akute schwere Belastung oder ein kontinuierliches Trauma sogar primäre Kausalfaktoren darstellen, ohne die die Störung nicht aufgetreten wäre. Diese sind vor allem die „akute Belastungsreaktion" (ICD-10 F43.0), die „posttraumatische Belastungsstörung" (ICD-10 F43.1) und die „Anpassungsstörung" (ICD-10 F43.2). Insbesondere bei der posttraumatischen Belastungsstörung kann es geschehen, dass dem Trauma ähnliche Aktivitäten oder Situationen Erinnerungen an das Trauma wachrufen können und es zu entsprechenden psychischen und physiologischen Reaktionen kommt (Deutsches Institut fürMedizinische Dokumentation und Information, 2014).

Es ist das Gefühl der Ohnmacht, das ein traumatisches Erlebnis, bei dem persönliche Grenzen verletzt und das vitale Eigeninteresse des Organismus geschädigt werden, mit sich bringt. Um dieses zu verhindern, kennt der Mensch zwei Überlebensprogramme: Flucht und Kampf. Kann die Situation durch eines der beiden bewältigt werden, wird normalerweise auch eine Traumatisierung verhindert. Sind weder Flucht noch Kampf möglich, kommt es unter Umständen zur von außen sichtbaren „Freeze-Reaktion", welche eine Veränderung der eigenen Wahrnehmung als Ursache hat. Als Konsequenz dieses Prozesses wird unter anderem ein zusammenhängendes Erlebnis nicht mehr mit einer später abrufbaren Erinnerung verknüpft (Eisenberg, 2012; Hüther et al., 2010). Das bedeutet, dass sich der Betroffene nicht unbedingt an das traumatisierende Ereignis erinnert, oder es zum Wiedererleben des Traumas kommen kann, wenn der Organismus Reize falsch assoziiert.

3.2.4 Die psychologische Perspektive auf Judo

Judo bietet Möglichkeiten, die Identitätsentwicklung zu unterstützen. Durch die Auseinandersetzung mit anderen Judoka in der Interaktion im Übungsprozess und im Wettkampf kann der Einzelne das außerhalb liegende von dem ihm zugehörigen, eigenen abgrenzen. Dies geschieht durch das gegenseitige Rei, durch die Einnahme der Rollen von Tori und Uke, durch Siegen und Verlieren und insbesondere durch das Ausüben und Spüren von Kontrolle und Körperkontakt. Die vielfältigen Situationen, in denen sich der Judoka mit seinen Emotionen und denen Anderer auseinandersetzen muss, lassen persönliche Grenzen erkennen und überwinden sowie Empathie entwickeln. Ein angemessener Umgang mit Emotionen kann gemeinsam mit dem Judo-Lehrer und den Übungspartnern pragmatisch und spontan oder durch geplantes kogi und mondo reflektiert werden, um diese richtig einordnen zu können. Die Rahmenbedingungen des Judo unterstützen diesen Prozess (Schmitt, 2014; Lange & Sinning, 2007; Pöhler, 2004).

Komplexe Techniken werden gelernt und deren Auswirkungen auf das eigene Handeln zurückgeführt. Die dadurch erfahrbare Selbstwirksamkeit sowie die ausgeübte Kontrolle und der unvermeidliche Körperkontakt beeinflussen das Körper- und Fähigkeitskonzept. Die Orientierung am technischen Prinzip unterstützt diesen Prozess. Sowohl die affektiven als auch die kognitiven Komponenten des Selbstkonzeptes können durch das genannte hinterfragt und gestärkt werden (Schmitt, 2014; Lange & Sinning, 2007). Hierfür notwendig ist ein positiver Umgang mit der Instrumentalität des Körpers und der durch die Einteilung in Gewichts-klassen häufig präsenten Körperzusammensetzung.

Für die Bildung einer sozialen Identität bietet Judo mit seinen sportartspezifischen Werthal-tungen, seiner Etikette und der prägnanten Judobekleidung Möglichkeiten zur Identifikation mit der großen Gruppe der Judoka. Bereits auf den ersten Blick fällt die Abgrenzung leicht. Würden sich wahrscheinlich die wenigsten Menschen wundern, wenn man sich im Fußball-trikot eine Kleinigkeit beim Bäcker holt, so wäre jemand, der sich im Judogi eine Brezel kauft, eher fragenden Blicken ausgesetzt. Auch innerhalb der Judo-Gruppen trägt die jeweils eige-ne Kultur des gegenseitigen Umgangs zur Identifikation mit der eigenen Gruppe bei. Hierzu gehört beispielsweise der Umgang mit Erfolgen oder auch mit Grenzsituationen im Zusam-menhang mit Fairness.

Durch die Technik- und Wertungskriterien sowie die durch den Judo-Lehrer und den Kampf-richter ausgeführte Kontrollfunktion besteht die Gelegenheit, die eigenen Emotionen, aber auch die von anderen im jeweiligen Kontext richtig einzuordnen. Emotionen des einen kön-nen durch das eigene Erleben ähnlicher Situationen nachvollzogen werden und in das Selbst integriert werden. Durch dieses Zurückbeziehen auf sich selbst können Grenzen des anderen nachvollzogen und respektiert werden. Verstärkt wird dies dadurch, dass die Judoka im Übungsprozess aufeinander angewiesen sind und sich dementsprechend in den anderen hineinversetzen müssen.

3.3   Pädagogische Perspektive

Die Aufgabe der Pädagogik[8] ist es, erzieherisches Handeln und die darin eingebetteten Situa-tionen im historischen und aktuellen Kontext zu reflektieren, um die Persönlichkeitsentwick-lung des Einzelnen und damit auch das Zusammenleben in unterschiedlichen Gemeinschaf-ten fördern zu können. Als aus den Reflexionen herausgearbeitete Handlungsorientierungen wirken die wissenschaftlichen Ergebnisse dieses Prozesses durch die Ausbildung pädagogi-scher Fachkräfte und durch öffentliche Diskurse in die Gesellschaft teilweise zurück. Zur Er-füllung dieser Aufgabe kann die Pädagogik wissenschaftliche Theorien und empirische For-

---

[8] Auf eine Differenzierung zwischen „Pädagogik", „Erziehungswissenschaft(en)", „Bildungswissenschaft(en)" und ähnlicher Begriffe wird hier verzichtet. Die zum Teil begründeten Abgrenzungen spielen für die Thematik dieser Arbeit eine untergeordnete Rolle.

schungsergebnisse ihrer Bezugswissenschaften in die eigenen integrieren. Als wissenschaftliche Profession fand sie bislang kein einheitliches Selbstverständnis. Ob dies ein erstrebenswertes Ziel ist, ist umstritten. Stattdessen finden sich unterschiedliche Strömungen mit unterschiedlichen Blickwinkeln, Ausgangsprämissen, Forschungsschwerpunkten und wissenschaftlichen Methoden. Dementsprechend gibt es auch keine absoluten, konsensfähigen Bildungs- und Erziehungsziele. Ziele und Aufgaben von Erziehung und Bildung hängen auch vom jeweils aktuellen Menschenbild innerhalb von Gesellschaften ab, welche von vielerlei Faktoren geprägt sein können. So spielen unter anderem das politische System und die (jüngere) Geschichte oder auch das Bild der menschlichen Arbeit eine Rolle (Schmitt, 2014; Gudjons, 2006; Benner & Oelkers, 2004). Erziehung befindet sich also immer im Spannungsfeld zwischen Personen und deren jeweiliger Umwelt. Sie kann für außerhalb der betreffenden Person liegende Ziele instrumentalisiert bzw. manipulativ eingesetzt werden, wofür als eindrücklichstes Beispiel hier an die Zeit des deutschen Nationalsozialismus erinnert sei (Huisken, 2001).

3.3.1 Selbstbestimmung und Grenzen

Die historisch gewachsenen, jeweils aktuell vorherrschenden Wert- und Normvorstellungen stellen also eine Grundlage für das pädagogische Handeln dar. Diejenigen Vorstellungen, auf die sich Gemeinschaften einigen, prägen durch rechtliche oder auch religiöse Gebote und Verbote sowie durch informelle soziale Konventionen ihrer unterschiedlichen Gruppen, in denen der Einzelne auch unterschiedliche Rollen einnehmen kann, den Erziehungsauftrag. Die Pädagogik – als eine auch in der Philosophie verwurzelte Disziplin – hinterfragt Bildungsideale, Weltanschauungen, Dogmen und möglichen Missbrauch von Erziehung und reagiert auf gesellschaftliche Problemlagen, Anforderungen und Zielsetzungen (Dörpinghaus & Uphoff, 2011). Da Werte und Normen im Spannungsfeld zwischen Individuum und Gesellschaft in vielen Situationen auch Aushandlungssache sind, ist die Befähigung sowohl zur Anpassung, aber auch zur Veränderung und zum Widerstand Aufgabe der Erziehung (Hobmair, 2011; Litt, 1948).

Trotz der Vielfalt unterschiedlicher Haltungen in der Pädagogik herrscht demgemäß weitgehende Einigkeit darüber, dass in unserer heutigen pluralistischen Gesellschaft, in der die Möglichkeit und Notwendigkeit, sich mit vielen Freiheiten auseinanderzusetzen und Entscheidungen zu treffen, die Selbstbestimmung oder Mündigkeit oberstes Ziel der Erziehung ist.

Diese Erziehung *zur* Selbstbestimmung kann nur *in* Selbstbestimmung geschehen (u. a. Adams, 1981). Um diese zu ermöglichen, benötigt es Freiräume, in denen der zu Erziehende Entscheidungen selbst treffen darf und auch deren Konsequenzen zu tragen hat. Freiheit meint einerseits positive Freiheit – also Freiheit *zu* etwas – und andererseits negative Freiheit – also Freiheit *von* etwas (Rawls, 1979). Die Freiheit des mündigen Menschen muss über ihre Gegenpole, nämlich über Grenzen und Abhängigkeiten, definiert werden. Deshalb müssen die im Erziehungs- und Sozialisationsprozess gewährten Freiräume ebenfalls in angemessenen Handlungsgrenzen stattfinden, sofern die in ihnen auftretenden Konsequenzen erzieherisch wirksam und nicht ernsthaft gefährdend sein sollen. Sowohl die im Erziehungsprozess gestaltete als auch die angestrebte Autonomie sind also immer als relative, heteronome oder interdependente Autonomie zu verstehen (Hobmair, 2011; Speck, 1996).

Pädagogisch bedeutsam wird das Ziel der Autonomie im Hinblick auf das Thema dieser Arbeit vor allem dann, wenn die positive Freiheit des einen und die negative Freiheit des anderen miteinander im Konflikt stehen (Rawls, 1979). Zwischenmenschliche Grenzen müssen dann ausgehandelt werden. Hierfür müssen unterschiedliche Bedürfnisse abgewogen werden, wobei jeder Einzelne unter normativem Einfluss steht. Unter Beachtung unterschiedlicher Maßstäbe ist es das pädagogische Ziel, in solchen Situationen handlungsfähig zu sein.

3.3.2 Die Rolle von Autoritäten und Vorbildern

Autoritäten und Vorbilder haben hierbei die Möglichkeit und die Aufgabe, externe Kontrolle auszuüben und die Ausbildung einer inneren moralischen Instanz zu unterstützen (Hobmair, 2011; Speck, 1996). Dabei befindet sich der Erzieher in der von Kant (2011) beschriebenen paradoxen Situation, die Freiheit mit Zwang zu kultivieren. Die erziehungsleitenden Maßstäbe sind dabei die eigenen verinnerlichten Wert- und Normvorstellungen. Da sich diese in der Gesellschaft gleichzeitig im stetigen Wandel befinden, können diese für Erziehende nur eine Orientierung darstellen und eigene Werthaltungen beim zu Erziehenden vorbereiten (Schmitt, 2014).

In sozialer Kommunikation und Interaktion muss der Erzieher partnerschaftliche Autorität sein, was sich aus dessen sozialer Macht, also seines Einflusses auf den zu Erziehenden ergibt. Dieser Einfluss ist immer auch gegenseitiger Einfluss. Um einen angemessenen Umgang mit den eigenen Grenzen und denen anderer zu unterstützen, muss autoritäres Handeln in der Notwendigkeit der Sache begründet sein. Denn nur durch eine Auseinandersetzung mit den Notwendigkeiten, die Erziehung begründen, kann auch kooperatives Verhalten entstehen, da sich darin die Achtung vor dem anderen ausdrückt (Schmitt, 2014; Hobmair, 2011; Speck, 1996; Litt, 1995). Dies gewinnt zusätzlich an Bedeutung, wenn man sich den Stellenwert vergegenwärtigt, den der Leistungsgedanke in unserer Gesellschaft einnimmt, welcher insbesondere in der Konkurrenz mit anderen zum Tragen kommt (Huisken, 1996).

3.3.3 Die pädagogische Perspektive auf Judo

„Judo ist vor allem reflektierte Bewegungserfahrung" (Pöhler, 1999, 17. Absatz). Es bietet dem Menschen die Möglichkeit, in Regeln und Rituale integrierte körperliche Auseinandersetzung zu erleben. Pöhler (2004) spricht hier von „existenzielle[n] Erfahrung]en]" (80), bei denen in der Auseinandersetzung mit anderen gleichzeitig die Auseinandersetzung mit dem eigenen Verhalten, den eigenen Gefühlen und der eigenen Persönlichkeit verbunden ist (s. o.). Eigene Grenzen können so erkannt werden (ebd.; Tsafack, 2015 nach Charlot, 2006).

Regelungen können dabei so verstanden werden, dass sie nicht nur Freiheiten einschränken, sondern diese vor allem schützen. Die unmittelbare Erfahrung von körperlicher Kontrolle und die potentielle Gefahr für die eigene Unversehrtheit lassen einsichtig werden in formell und informell vorgegebene Normen (Pöhler, 2004; Rawls, 1979). Dahinterstehende Werte können so begriffen werden. Das direkte Erleben der Schutzfunktion stellt zusammen mit der zusätzlichen Möglichkeit zur Reflexion eine Grundlage für eigene, begründete Werthaltungen. Die Reflexionen können ungeplant innerhalb der Übungsgruppe stattfinden, aber beispielsweise auch durch kogi und mondo initiiert werden. Ein Transfer in den Alltag kann hier ebenso Platz finden, was auch der Anspruch des von Kano entwickelten Erziehungssystems ist. Die offiziellen Judowerte stellen eine an den Judoprinzipien und -ritualen orientierte Denk- und Diskussionsgrundlage für das Verhalten im Judo dar, sollen jedoch auch außerhalb des Dojo Anerkennung erfahren.

Die Orientierung an den Werten hilft auch, um im Judo Erfolge zu erzielen, da man ansonsten kein gern gesehener Übungspartner ist. Auch bei Gürtelprüfungen wird auf die Einhaltung der Etikette geachtet. Als Ausgangsbasis noch vor der Verinnerlichung der anderen Werte kann die Höflichkeit gesehen werden, welche ohne weitere Voraussetzungen gezeigt werden kann. Dem Judo-Lehrer obliegt hierbei die Aufgabe, die Einhaltung der Höflichkeits-formen wie dem Rei konsequent einzufordern und vorzuleben (Tsafack, 2015).

Um den Weg für die Verinnerlichung weiterer Werte zu ebnen, muss der Judo-Lehrer dabei sachliche Begründungen liefern können und seine Forderungen nicht alleine aus seiner Position heraus rechtfertigen. Er muss partnerschaftliche Autorität sein, die sich aus seiner Fachkompetenz ergibt. Das partnerschaftliche Moment zeigt sich insbesondere in den Werten Respekt, Ehrlichkeit und vor allen Dingen in der Wertschätzung seiner Judo-Schüler und deren Bemühungen. Judo-Lehrer zu sein, ohne gleichwertiger Partner in menschlicher Hinsicht zu sein, ist im Judo ohne Vernachlässigung der Werte folglich nicht möglich. Greifbar wird dies für die Schüler, wenn der Judo-Lehrer auch Übungspartner ist (Pöhler, 2004).

Zuletzt soll noch auf die pädagogische Relevanz des Judowertes Mut eingegangen werden, der eine besondere Rolle im Zusammenhang mit Grenzen einnimmt. Mut kann sowohl zur Realisierung moralischer als auch unmoralischer Ziele nützlich sein. Dabei steht er zwischen Feigheit und Tollkühnheit. Risiken und Gefahren spielen bei der Entscheidung für eine mutige Handlung und deren Umsetzung eine wichtige Rolle (Nunner-Winkler, 2007). Es erfordert Mut, eigene Grenzen zu offenbaren, über diese hinauszugehen oder sie zu verteidigen. Letzteres gilt auch für die Grenzen anderer. Und es erfordert Mut, eigene Bedürfnisse zu hinterfragen, um die Grenzen anderer zu respektieren. Im Judo dient das moralische Prinzip als Richtlinie für die zu treffenden Entscheidungen. Grundlage hierfür ist das (Er-)kennen der eigenen Grenzen und die der anderen. Notwendige Voraussetzungen zur Umsetzung der Entscheidungen können durch Judo unterstützt werden. Hierzu gehören eine realistische Selbstwahrnehmung, das Wissen über die eigene Selbstwirksamkeit (Selbstvertrauen) und auch Selbstbeherrschung.

4 Formen von Grenzüberschreitungen im Judo

Die unterschiedlichen Perspektiven lassen die verschiedenen *Formen* möglicher Grenzen und Grenzüberschreitungen in unterschiedlichen Lichtern erscheinen. Unter Zuhilfenahme der Perspektiven sollen nun verschiedene schützenswerte persönliche Bereiche und mögliche Wege, in diese einzudringen, näher beleuchtet werden. Freilich fällt eine scharfe Abgrenzung der Formen schwer. Die jüngere Forschung stützt Kanos Prämisse, dass Körper und Geist nicht strikt voneinander getrennt sind, was auf Wechselwirkungen zwischen den unterschiedlichen Formen der Grenzüberschreitungen schließen lässt (Gissel, 2007; Kano, 1917 In: Niehaus, 2010). Oft ist es kaum zu beurteilen, in welchem Bereich die Verletzungen schwerer wiegen. Eine scharfe Einteilung der Grenzüberschreitungen zu den jeweiligen Formen gelingt deshalb nicht immer.

Dax-Romswinkel (1996) schreibt, dass Gewaltanwendungen in Kampfsportarten schwierig von sportlichem Handeln abgrenzbar sind. Auch warnt er im Zusammenhang mit dem Handeln von Judo-Lehrern vor einer Dichotomie, die dem individuellen Erleben der Judoka nicht gerecht werden könne. Wie bereits in der Einleitung zu lesen war, kann es deshalb auch hier keine allgemeingültigen Definitionen geben, die Grenzüberschreitungen klar ausmachen.

4.1 Physische Grenzüberschreitungen

4.1.1 Dimensionen von Körperlichkeit

Der Körper ist durch die vielfältigen Möglichkeiten der sinnlichen Erfahrung der wohl bewussteste Teil einer Person. Hinzugefügter körperlicher Schmerz kann unmittelbar erfahren werden und die von Kano bezweckte Nützlichkeit kann leiden. Funktionseinschränkungen müssen bewusst oder unbewusst kompensiert bzw. reduziert werden. Hinzukommt, dass neben körperlicher Gesundheit auch das Wohlbefinden mit dem Körper („Ich fühle mich wohl in meinem Körper") und vor allem in der Jugendkultur dessen Präsentation eine große Rolle spielt. Möglichkeiten zur Grenzüberschreitung ergeben sich durch diese zusätzlichen Dimensionen auf vielfältige Art. Da der Körper anthropologisch gesehen sowohl ein physiologisches als auch ein individuell-phänomenales als auch ein soziales Gebilde ist, gibt es gleich mehrere Zugänge, Grenzen im Zusammenhang mit dem Körper zu setzen und zu verletzen (Schmitt, 2014; Heinemann, 2003; Pilz, 2001).

4.1.2 Direkte physische Grenzüberschreitungen

Im Gegensatz zu manch anderen Kampfsportarten wie beispielsweise dem Boxen oder Ultimate Fighting ist es im Judo nicht das Ziel, den Gegner körperlich zu schädigen oder gar kampfunfähig zu machen. Abgesehen vom Üben unter dem Gesichtspunkt der Selbstverteidigung, existieren unter Einhaltung der Wettkampfregeln als einzige Techniken, deren Zweck die Schädigung des Gegners ist, die Shime- und die Kansetsu-waza. Im Shiai ist bei wirkungsvoller Ausführung dieser Techniken die Zeit zwischen der Aufgabe des Gegners und der Beendigung des Kampfes durch den Kampfrichter ein potentielles Risiko für physische Grenzüberschreitungen. Übertriebener Ehrgeiz und ein zu starker Fokus auf den Leistungsgedanken vor Beachtung des moralischen Prinzips kann dazu beitragen, dass hier der Unterlegene Verletzungen erleidet, weil das Kommando des Kampfrichters für wichtiger genommen wird als das Zeichen für die Aufgabe des Gegners oder weil die Technik zu schnell durchgeführt wird, um sicherzugehen, dass die Wirkung eintritt. Es handelt sich dann um eine regelkonforme, physische Grenzüberschreitung. Das Ausmaß der Gefahr steigt, wenn der leitende Kampfrichter aufgrund mangelnder Aufmerksamkeit oder einer ungünstigen Position die Aufgabe des Judoka nicht sofort mitbekommt. Noch höher wird das Risiko, wenn der Leistungsgedanke beim Unterlegenen in der Form ausgeprägt ist, dass eine Aufgabe für diesen nicht oder erst sehr spät in Frage kommt, die eigenen Grenzen also nicht erkannt oder akzeptiert. Dies ist im Leistungssport insbesondere bei den Shime-waza nicht unüblich (u. a. Kauer-Berk, 2015b). Neben der damit verbundenen Selbstgefährdung kann hier zusätzlich – wie im ersteren Fall auch – von einer Respektlosigkeit gegenüber dem Gegner gesprochen werden, da dessen Leistung als solche nicht anerkannt wird. Gleichzeitig spielt das Grundbedürfnis, von anderen anerkannt zu werden, für das entsprechende Handeln eine Rolle. Entgegengewirkt werden kann derartigen Verletzungen durch das Weitergeben der Judowerte, was unter anderem zur Verbesserung des Selbstwertgefühls beitragen kann. Gelingen kann dies insbesondere durch einen respektvollen Umgang auf und neben den Tatami, die Aufklärung über Verhaltenserwartungen und mögliche Gefahren. Weiterhin benötigt es eine adäquate Schulung der Kampfrichter und entsprechende Pausen während deren Einsätze.

Während im Übungsprozess in der Regel Wert darauf gelegt wird, dass der Partner bei der Ausführung von Nage-waza sicher fällt und sich auch bei Katame-waza nicht unnötig wehtut, kann die Fürsorge unter Wettkampfbedingungen auch unter Einhaltung der Regeln vermehrt leiden. Insbesondere bei Mannschaftswettbewerben findet mit dem Gegner tendenziell eine geringere soziale Identifikation statt, was dazu führen kann, eine Schädigung dessen eher in Kauf zu nehmen als des eigenen Übungspartners. Aber auch für den Umgang mit den Übungspartnern gilt, dass deren persönliche Grenzen geachtet werden müssen. Dies ist auch bei der Überschreitung physischer Grenzen nicht möglich ohne die Ausbildung eines Gewissens. Für den kontrollierten Umgang mit den eigenen Gefühlen im Zusammenhang mit Macht, Schmerzen, Mitleid, Schadenfreude, Wut usw. ist Empathie die Basis und Folge zugleich. Zusätzlich ist eine Reflexion möglich, die sich auf die Prinzipien des Judo und die entsprechenden Werte bezieht. Diese kann entweder durch Rückmeldungen durch die Übungspartner und den Judo-Lehrer oder auch durch die von Kano verwendeten Methoden kogi und mondo geschehen.

Bei der Ausführung von Technikdemonstrationen kann der Judo-Lehrer durch das Anwenden von angemessener Dynamik statt überflüssiger Härte eine wichtige Vorbildfunktion einnehmen. Grenzen muss er ernstnehmen und nicht überflüssig ausreizen. Bei witzig gemeinten Kommentaren wie „Pfeif, sobald's würgt!" oder „hebelt's? ja? Wirklich? Echt jetzt?" sollte er sich möglichen Wirkungen auf die Judo-Schüler bewusst sein. Gleiches gilt für das Randori. Nur wenn die Judo-Schüler merken, dass das moralische Prinzip auch im Kampf oberste Priorität hat, kann ein respektvoller Umgang auch innerhalb der Übungsgruppe und darüber hinaus herrschen (Dax-Romswinkel, 1996). Um eigene Grenzen und die anderer hierbei erkennen zu können, müssen die Judo-Schüler langsam an den intensiven Körperkontakt hingeführt werden. So kann die Selbsteinschätzung und die Fähigkeit zur Artikulation negativer Befindlichkeiten gesteuert werden, um gegebenenfalls rechtzeitig mit einem Zeichen für Aufgabe reagieren zu können und auch, um die eigenen Grenzen unter Umständen reflektiert zu verschieben (Ellmann, 2013).

4.1.3 Indirekte physische Grenzüberschreitungen

Indirekte physische Grenzüberschreitungen durch den Judo-Lehrer umfassen insbesondere das, was im rechtlichen Sinne unter „Begehen durch Unterlassen" verstanden wird, sowie Forderungen im Training und Wettkampf, die sich auf die Physis der Judoka auswirken oder eine Gefahr für sie darstellen. Im Hinblick auf Erfolge im Wettkampf fallen darunter das Tolerieren oder gar die Ermunterung zum Doping (Dax-Romswinkel, 1996). Man muss den Judowert der Ernsthaftigkeit sehr weit dehnen, dass mit diesem Verhalten überhaupt einer der Werte vereinbar ist. Weiterhin gehören hierzu aber beispielsweise auch übertriebene Erwartungen, was das Abnehmen angeht, um in eine tiefere Gewichtsklasse zu gelangen. Diese relativ übliche Praxis ist vor allem bei Kindern und Jugendlichen mehr als umstritten (Kauer-Berk, 2015a).

Im Übungsprozess gehören zu den indirekten physischen Grenzüberschreitungen unter anderem überlastende Trainingsmethoden sowie das Übenlassen riskanter Techniken, die nicht dem Ausbildungsstand und der Reife des Judoka entsprechen. Auch das Kämpfenlassen mit deutlich schwereren Partnern kann eher zu Verletzungen führen als bei Partnern mit ähnlichem Gewicht (Dax-Romswinkel). Hier muss sich der Judo-Lehrer dafür verantwortlich fühlen, dass seine Schüler sich dem moralischen Prinzip verpflichtet fühlen. Insbesondere die Werte Respekt, Wertschätzung, Selbstbeherrschung, Hilfsbereitschaft und Mut sind wichtige Orientierungshilfen beim Üben zweier unterschiedlich starker bzw. schwerer Partner.

4.2 Sexuelle Grenzüberschreitungen

Eine weitere Form der physischen Grenzüberschreitung liegt in sexuellen Handlungen, bei denen das dazu nötige Einverständnis nicht oder nur aufgrund von Hinterlist, Drohung, Abhängigkeit oder Ähnlichem gegeben wurde. Das gleiche gilt, wenn man von anderen sexuelle Handlungen unter diesen Bedingungen vornehmen lässt[9]. Beim Umgang zwischen Erwachsenen und Minderjährigen existiert weniger Spielraum.

Zu körperlichen Verletzungen kommt es dabei nur durch schwere Übergriffe. Sie betreffen aber in der Regel vor allem die anderen Dimensionen von Grenzen. Psychische Folgen können beispielsweise Angststörungen, Depressionen, ein geringes Selbstwertgefühl sowie Verhaltensstörungen sein, welche sich allesamt auf das soziale Leben auswirken (Davison & Neale & Hautzinger, 2007). Ein Blick aus den oben behandelten unterschiedlichen Perspektiven auf die Sexualität lässt deren Stellenwert im Leben von Personen deutlich werden und Grenzüberschreitungen dementsprechend verheerend einschätzen. Die eigene Sexualität ist ein wichtiger Teil unterschiedlicher Komponenten des Selbstkonzeptes – der Identität. Als Teil des allgemeinen Persönlichkeitsrechtes schützt das Recht auf sexuelle Selbstbestimmung die Intimsphäre des Menschen, in die Eingriffe des Staates grundsätzlich nicht erlaubt

---

[9] Diese offene Auffassung von sexuellen Grenzüberschreitungen, die sexuellen Missbrauch bzw. sexuelle Gewalt mit einschließt, soll für diese Arbeit genügen. In der Literatur finden sich unterschiedliche Definitionen, bei denen die genannten Begriffe zum Teil voneinander abgegrenzt werden.

sind. Über die Ausstrahlungswirkung greifen im Bürger-Bürger-Verhältnis die §§ 823, 825 BGB. Außerdem wirken die Strafnormen gleichzeitig als Schutzrechte. Aus pädagogischer Sicht ist die Sexualität unter anderem relevant, weil der eigene Umgang mit den mit der Sexualität verbundenen Bedürfnissen im Zusammenspiel mit Werten und Normen erst erlernt werden muss. Insbesondere Judoka mit nicht-heterosexueller Orientierung, aber auch alle anderen, profitieren in diesem Zusammenhang von einem starken Selbstwertgefühl und gutem Selbstvertrauen.

4.2.1 Grenzverletzungen und sexueller Missbrauch

In Passau machte im Jahr 2010 der Fall eines Judo-Trainers medienwirksam Furore, der sich wegen sexuellen Missbrauchs in 211 Fällen vor Gericht verantworten musste und rechtskräftig verurteilt wurde (u. a. Huber, 2010). Im Judo ist es nicht unüblich, dass auch die Judo-Lehrer zum Teil engen Körperkontakt zu ihren Schülern haben. Sei es bei der Demonstration von Techniken oder auch im Randori. Es ist fraglich, ob Judo Pädosexuellen besonders attraktiv erscheint, und ob Judo bei besagtem Fall eine andere Rolle spielte, als es andere Sportarten im selben Fall getan hätten. Möglichkeiten, Grauzonen im Zusammenhang mit Körperlichkeit unsittlich zu nutzen, existieren im Judo. Unabhängig davon regte der Prozess einige Menschen im verbandlich organisierten Judo zum Nachdenken an, womit einer weiteren Sensibilisierung für die Thematik der Weg bereitet wurde (u. a. Spehr, 2010). Bereits 1996 setzte sich Dax-Romswinkel damit auseinander, auf dessen Überlegungen hier ebenfalls Bezug genommen wird.

Wie in der Einleitung bereits beschrieben, sollen Grenzüberschreitungen, die ihre potentielle Gefahr in sportartübergreifenden Situationen haben, in dieser Arbeit vernachlässigt werden. Auch in Passau kam es nach Medienberichten erst nach dem Training unter der Dusche zu den Vorfällen. Interessanter sind für diese Arbeit diejenigen Situationen, in denen der Übergang vom normalen, sporttypischen, „sittlichen" zum grenzüberschreitenden, „unsittlichen" und inakzeptablen Verhalten schwierig auszumachen ist (Dax-Romswinkel, 1996). Wo liegen die Gefahren, bei denen für Tori über die Funktion der Technik hinaus auch andere Absichten handlungsleitend sind? Und in welchen Situationen löst unter Umständen bereits die zur Technik gehörende Handlung ein Gefühl der Grenzüberschreitung aus? Diese Fragen beziehen sich im Übrigen nicht nur auf die Interaktion zwischen Judo-Lehrer und -Schüler, sondern auch auf Judoka, die in einem mehr oder weniger symmetrischen Verhältnis zueinander stehen.

Enders (2012) unterscheidet zwischen erstens unabsichtlich verübten Grenzverletzungen, zweitens sexuellen Übergriffen, die Ausdruck eines unzureichenden Respekts gegenüber dem Anderen sind oder der gezielten Vorbereitung weiteren Missbrauchs dienen, und drittens strafrechtlich relevanten Formen sexualisierter Gewalt. Der Unterschied zu Grenzverletzungen liegt bei sexuellen Übergriffen in der Intensität und Häufigkeit und darin, dass sie nicht zufällig geschehen, sondern aus Absicht (ebd.). Die strafrechtliche Erheblichkeitsschwelle ist im Sport häufig schwer auszumachen, was dazu führt, dass nur wenige Fälle vor Gericht landen. Grundsätzlich fällt auch die sexuelle Selbstbestimmung unter das allgemeine Persönlichkeitsrecht, wobei bei Eingriffen in dieses unterhalb der Strafbarkeitsschwelle eine Verhältnismäßigkeitsprüfung unter Gesamtabwägung aller Umstände vorzunehmen ist. Die Bedeutung des sozialen Kontrollfeld ist hier als dementsprechend hoch zu bewerten.

4.2.2 Missbrauch von Körperkontakt und Kontrolle

Jeder Körperkontakt ist grundsätzlich eine potentielle Grenzüberschreitung. Dies gilt vor allem außerhalb des Dojo. Judo ohne Körperkontakt ist jedoch unmöglich und auch nicht wünschenswert, da ja mit ihm viele positive Wirkungshoffnungen verbunden sind. Die Pflege einer positiven Körperkultur im Dojo trägt zum Erkennen von Missbrauchsmöglichkeiten und zum Verhindern von Grenzüberschreitungen bei (Spehr, 2010). Hierfür ist ein respekt- und vertrauensvoller Umgang miteinander wichtig, der sich vor allem auch darin äußert, wie miteinander gesprochen wird. Wie wird über Körperlichkeit gesprochen? Muss ich mit unverschämten Kommentaren rechnen? Darf ich es ansprechen, wenn mir etwas unangenehm ist? Darf ich fragen, wie es anderen in bestimmten Situationen geht? Darf ich mich auch Anforderungen entziehen? Darf ich mich entschuldigen, ohne dass es peinlich ist? Durch die Körperorientierung im Judo bleiben versehentliche Griffe und Berührungen, die unangenehm sein können, nicht aus. Immer wieder gibt es Grenzsituationen im Judo, die auch ausgenutzt werden können.

Diese ergeben sich leicht aus den Ne-waza und dabei insbesondere bei den Osae-komi-waza. Außerdem sind Ne-waza-Situationen, aus denen heraus versucht wird, mit einer Katame-waza abzuschließen, prädestiniert für intensiven Körperkontakt. Zu diesen Situationen gehören auch solche, bei denen sich einer der Partner zwischen den Beinen des anderen befindet. Bei dem Herausarbeiten von Techniken werden die primären äußeren Geschlechtsorgane, die Brüste, der Po und das Gesicht nicht unbedingt völlig berücksichtigt. Häufig wird eine Hand zwischen den Beinen durchgeschoben, der Brustkorb belastet und die Hose oder das Revers des Judogi gegriffen, was potentiell für Grenzüberschreitungen ausgenutzt werden kann. Auch die Gesichter bzw. Köpfe können auf (sexuell) unangenehme Weise platziert sein. Als Beispiel seien hier die „San-kaku-Techniken" genannt (Dax-Romswinkel, 1996).

Für den Standkampf, bei dem der Griff häufig an das Revers auf Brusthöhe geht, gilt ähnliches, allerdings in bedingterem Ausmaß. Insbesondere durch die aktuellen Wettkampfregeln, bei denen das Greifen unterhalb des Gürtels verboten ist, fallen vor allem im Randori einige Grenzsituationen, wie das Greifen zwischen den Beiden hindurch bei „Te-guruma" („Handrad"), weg. Im Shiai bestimmt im Übrigen der Kampfrichter, wann der Judogi geordnet werden muss. Auch im Übungsprozess muss hierfür vor allem im Stand- und Bodenrandori Gelegenheit hierfür gegeben werden. Dazu gehört bei den weiblichen Judoka auch, das herausgerutschte T-Shirt wieder in die Hose zu stecken (Dax-Romswinkel, 1996).

Zuletzt sei noch das Üben des Judo zu Selbstverteidigungszwecken genannt, bei dem zum Teil explizit auch Situationen des sexuellen Missbrauchs ihren Platz haben. Diese gespielte Form der absichtlichen Grenzüberschreitung muss behutsam eingeführt werden.

4.2.3 Missbrauch von Hierarchien

"Everything in the world is about sex except sex. Sex is about power" (Oscar Wilde)

Enders (2012) beschreibt, welches Ausmaß sexuell übergriffige Rituale in Jungengruppen haben können. So nennt sie, dass beispielsweise der „Chef" oral befriedigt werden muss oder Schwächere es ohne zu weinen aushalten müssen, wenn ihnen Gegenstände in den Anus gesteckt werden. Macht und Sexualität haben Schnittmengen. Körperliche Kontrolle und Hierarchien sind auch im Judo Gefahrenmomente.

Wie bereits bei der Betrachtung der Rolle des Judo-Lehrers aus den verschiedenen Perspektiven deutlich wurde, hat dieser eine besondere Verantwortung. Dies gilt sowohl für sein Handeln in der direkten Interaktion mit dem einzelnen Judoka als auch für seine Fürsorge- bzw. Aufsichtspflicht. Das heißt, er ist auch für Interaktionen zwischen den Judo-Schülern mitverantwortlich. Das partnerschaftliche Moment in der pädagogischen Beziehung zwischen Judo-Lehrer und dessen minderjährigen oder anderweitig schutzbedürftigen Schülern findet seine Beschränkung in jeglicher sexueller Hinsicht, sofern es nicht der Aufklärung bzw. der Stärkung des Selbstkonzeptes durch einen angemessenen Umgang mit Körperlichkeit und den Mitmenschen, sondern der Bedürfnisbefriedigung des Judo-Lehrers dient.

Hierarchien existieren im Judo nicht nur zwischen Judo-Lehrer und -Schüler, sondern auch innerhalb der Übungsgruppe. Neben Unterschieden beispielsweise im Alter, im Gewicht und in der Kondition wird der soziale Status des einzelnen Übungspartners auch durch die Graduierung und dem allgemeinen Judo-Können definiert.

Innerhalb von Hierarchien existieren dann zum Teil auch Abhängigkeiten. Sei es, weil Höhergraduierte einem etwas beibringen können oder weil sie durch einen anderen sozialen Status tendenziell größeren Einfluss auf Gruppenprozesse haben. Das Erkennen von absichtlichen Grenzüberschreitungen kann paradoxerweise durch entgegengebrachtes Vertrauen zusätzlich erschwert sein. Ebenso verhält es sich mit dem Verteidigen eigener Bedürfnisse und persönlicher Grenzen.

Der Judo-Lehrer und jeder einzelne Schüler sind für eine respektvolle Atmosphäre, in der sexuelle Selbstbestimmung möglich ist, mitverantwortlich. Das Vorleben relevanter Werte zeigt sich dann beispielsweise darin, dass keine klischeehaften Rollenbilder vertreten und keine Bemerkungen zu pubertätsbedingten körperlichen Veränderungen gemacht werden. Eine weitere Grenzsituation ist das Wiegen vor dem Wettkampf oder zur Probe beim Training. Das Ausziehen vor gegengeschlechtlichen Zuschauern, wie dies unter Umständen der Judo-Lehrer oder auch ein Kampfrichter sein kann, kann Schamgefühle auslösen (Dax-Romswinkel, 1996).

4.2.4 „Nein-Sagen" können, aber nicht müssen müssen

Judo trägt zur Verbesserung der eigenen Körperwahrnehmung bei und erlaubt Selbstwirksamkeitserfahrungen. Beides zusammen fördert den Mut zum selbstbewussten Aufzeigen von Grenzen. Auch im Judo-Unterricht muss die Freiheit gewährt werden, auch „Nein" sagen zu dürfen, wenn er zu selbstbestimmten Handeln beitragen will. Hierzu gehört auch die freie Partnerwahl insbesondere bei Entspannungsübungen, aber auch bei allen anderen Unterrichtsbausteinen mit intensivem Körperkontakt.

In der etwas verwirrenden Bezeichnung dieses Unterpunktes liegt die zum Teil vorhandene Ambivalenz im „Nein-sagen", um Grenzüberschreitungen zu vermeiden. Dies knüpft an der beschriebenen Notwendigkeit eines respekt- und vertrauensvollen Umgangs an. Enders (2012) beschreibt, dass das Recht „Nein" sagen zu dürfen, auf paradoxe Art zu einer Pflicht zum „Nein-sagen" werden kann. Sie bezeichnet es als Überengagement, wenn Botschaften der gefühlsmäßigen Ablehnung verbalisiert werden müssen, um ernstgenommen zu werden. Judo hat das Potential, um zur Entwicklung von Empathie beizutragen. Hierzu gehört es, auch nonverbal gezeigte Gefühle zu erkennen. Blicke, Mimik, Körperhaltung, Muskeltonus und Bewegungsgeschwindigkeit vermitteln Botschaften, die im Zweifel als Signale zur eigenen Mäßigung und Selbstbeherrschung wahrgenommen werden sollen. Im Sinne des moralischen Prinzips steht das Wohlergehen des anderen vor dem eigenen technischen Fortschritt.

4.3   Psychische und soziale Grenzüberschreitungen

Die größten Schnittmengen bei den bisher beschriebenen Grenzüberschreitungen lassen sich im psychischen und sozialen Bereich ausmachen. Hier soll noch auf einzelne, bisher vernachlässigte Phänomene eingegangen werden.

4.3.1 Grenzverletzungen und Selbstkonzept

Psychische und soziale Grenzüberschreitungen betreffen in erster Linie die affektiven Komponenten des Selbstkonzeptes. Dies kann einerseits ganz allgemein dann geschehen, wenn dem Judoka keine Gelegenheit gegeben wird, Erfolgserlebnisse zu spüren. Durch eine ungünstige Zusammensetzung der Trainingsgruppe ohne Berücksichtigung der Schwächeren können Grenzen als etwas ausschließlich Negatives wahrgenommen werden.

Eine unreflektierte, lediglich auf den (Mannschafts-)Sieg fokussierte, aber für den jeweiligen Judoka unpassende Gewichtsklasse wäre insbesondere eine Gefahr für ein positives Körperkonzept. Gleiches gilt bei negativen Rückmeldungen verbaler Art oder auch bei Nichterreichen einer angestrebten niedrigeren Gewichtsklasse. In der Jugend spielen auch hormonelle Veränderungen und Veränderungen der Relationen der Gliedmaßen (Instrumentalität) eine Rolle. Dem Judo-Lehrer obliegt hier die Aufgabe, für die Einhaltung der Hygieneregeln zu sorgen, ohne jemanden dadurch lächerlich zu machen.

Weitere Gefahren für psychische und soziale Grenzverletzungen durch den Judo-Lehrer bestehen durch erniedrigende Bestrafungen, dem Öffentlichmachen von Fehlverhalten und Niederlagen oder Inkompetenz (Dax-Romswinkel, 1996). Alle Judowerte stehen einem derartigen Handeln des Judo-Lehrers entgegen. Dementsprechend gilt es, eine respektvolle Atmosphäre zu schaffen, die auch die Verwendung von gewaltfreier Sprache einschließt (ebd.).

4.3.2 Traumata und Extremsituationen

Im Zusammenhang mit dem Gefühl der Ohnmacht in Extremsituationen sei hier auf Selbstwirksamkeitserfahrungen im Judo eingegangen. Eine realistische Einschätzung des Judo, welchen Anteil es dabei haben kann, Traumatisierungen zu verhindern, ist schwierig. Das Potential besteht darin, dass durch die regelmäßige körperliche Auseinandersetzung Besonnenheit im Kampf entwickelt werden kann. Dies geschieht durch eine realistische Kontextualisierung der damit verbundenen Emotionen und das Anerkennen des eigenen Leistungsvermögens. Durch die jederzeit vorhandene Möglichkeit zur Aufgabe können die eigenen Handlungsgrenzen eine realistische Einschätzung erfahren. Die Flucht als zweites Überlebensprogramm ist im Judo ohne Risiko und ohne Angabe von Gründen prinzipiell zu jeder Zeit möglich. Einschränkungen bestehen unter Umständen durch Erwartungshaltungen in der eigenen Judo-Gruppe, deren Nichterfüllung mögliche soziale Folgen nach sich zieht. Hierauf muss pädagogisch eingewirkt werden. Die Gewährleistung einer jederzeit möglichen Aufgabe bedeutet einerseits, dass eine Traumatisierung durch Judo trotz seiner Gefahren ohne vorhergehende relevante Lebensereignisse bzw. gefährdende Disposition unwahrscheinlich ist. Andererseits schließt dies nicht aus, dass eine bereits erlebte Traumatisierung durch das Betreiben von Judo nicht erneut wachgerufen werden kann. Insbesondere besteht diese Gefahr, wenn mit den Intimzonen unsensibel umgegangen wird (s. o.) oder die Verhältnismäßigkeit der körperlichen und/oder technischen Bedingungen des Übungspartners nicht stimmt.

Judo ist keine Therapie. Es bietet die Möglichkeit, verschiedene Formen des Körperkontakts zu nutzen, um negative (traumatische?) Erfahrungen im Zusammenhang mit Körperlichkeit (Erfahrung des eigenen Körpers als wirksames und nützliches Instrument) und Körperkontakt (im gegenseitigen Einverständnis) mit neuen, positiven Kontexten zu füllen. Dies kann durch die Trainingsgestaltung unterstützt werden, indem neben Konfrontation vor allem auch Kooperation eine wichtige Rolle spielt und beispielsweise Entspannungsverfahren mit in das Training aufgenommen werden. Freiwilligkeit zum Betreiben von Judo muss hier selbstverständlich gewährleistet sein. Das Ziel kann das reflektierte Verschieben der eigenen Grenzen sein.

4.3.3 Identität und das moralische Prinzip (ein Plädoyer)

Judo unterstützt die Ausbildung eines besseren Selbstkonzepts und der eigenen Identität. Wie bereits beschrieben, ist damit auch Abgrenzung zu anderen verbunden. Risikofaktoren sind die durch die unterschiedlichen Grade strukturierte Hierarchie und die damit verbundene Unterordnung des Einzelnen aufgrund dieses sportartspezifischen Merkmals. Dies kann zur Steigerung des Selbstwertgefühls beitragen, birgt aber auch die Gefahr in sich, den eigenen Wert und den von anderen vom Stand und Voranschreiten innerhalb dieser Rangstruktur abhängig zu machen. Auch die für Kano stets wichtige Loyalität gegenüber Autoritäten muss ihre Grenzen finden. Gerade wenn ein angemessener Übertrag in den Alltag nicht gelingt, kann die Diskriminierung von anderen die Folge sein. Respekt muss sich hier vielmehr zwischen Ehrfurcht vor erbrachter Leistung nach oben und Wertschätzung vor gezeigten Bemühungen nach unten bewegen als zwischen stumpfer Obrigkeitshörigkeit und eigennützigem Machtmissbrauch. Und es muss auch klar sein, dass es mehr ist als Judo, was den einzelnen Menschen ausmacht. Insbesondere mit Kindern, die zunächst unkritisch mit den in einer neuen Übungsgruppe geltenden Werten und Normen umgehen, sollte eine angemessene Reflexion der Symbole im Judo und deren Bedeutung für den Alltag geschehen. Sowohl auf der individuellen als auch auf der gemeinschaftlichen Ebene bedeutet dies die Notwendigkeit zur moralischen Auseinandersetzung mit dem, was nicht zum eigenen Selbst gehört. Von der Tendenz zur Bevorzugung der eigenen Gruppe als psychosoziales Phänomen kann sich auch Judo nicht gänzlich befreien. Die im Judo herrschenden Rituale und Hierarchien können auch zur Unterordnung und unreflektierten Übernahme von Gruppennormen führen. In diesem Zusammenhang steht die Notwendigkeit der Entwicklung von Empathie und der konsequenten Besinnung auf das moralische Prinzip. Bei einer ernsthaften Auseinandersetzung mit diesem Prinzip muss dies auch für das Wohlergehen Nicht-Anwesender und Unbekannter gelten. Sofern dieser Gedanke zu Ende gedacht wird, bedeutet dies, dass Judo, auch als olympische Sportart, das Potential hat, zur Entwicklung von Einstellungen beizutragen, die sich gegen Diskriminierung, Fremdenhass und Intoleranz richten und stattdessen für Gleichberechtigung, Toleranz und Respekt stehen. Insbesondere im Kinder- und Jugendtraining findet sich neben der beschriebenen Gefahr auch zugleich die Chance, mit Hilfe einer ernsthaften Auseinandersetzung mit eigenen und fremden Werthaltungen zu einer reflektierten und mündigen Denkweise zu gelangen, die auch über das Dojo hinaus geht. Der Judowert Mut kann überdies dazu beitragen, dass diese Denkweise auch nach außen getragen wird.

Um das Gute im Judo und seine Wirkungen darüber hinaus bewahren und gleichzeitig weiterentwickeln zu können, muss der Judo-Lehrer die richtige Balance finden zwischen einer normativen Vorgabe von Verhaltenserwartungen mit Begründungen durch dahinterstehende Werte einerseits und einer Haltung für eine offene Auseinandersetzung mit ebendiesen und anderen Werten andererseits.

5 Zusammenfassung und Fazit

Judo bietet die Möglichkeit, sich in vielfältiger Form mit Grenzen auseinanderzusetzen. Dies ist verbunden mit Chancen und Risiken. Durch Symbole und Rituale kann im Judo ein bewusster Umgang gepflegt werden, der sich stets am Respekt vor anderen orientiert. Man muss es nur auch tun.

Diese Arbeit hatte die Intention, Freiheiten und Grenzen aus unterschiedlichen, für die Pädagogik relevantesten Perspektiven zu betrachten und Grauzonen in der Handlungsfreiheit herauszuarbeiten. Es war nicht die Absicht, Judo als riskante Sportart, bei der man Angst vor Grenzverletzungen haben muss, darzustellen. Ebenso sollten Erwartungen an mögliche positive Effekte eine realistische Einschätzung erfahren. Denn: „Das Erzieherische steckt nicht im Judo wie die Medizin nicht im Medizinball steckt" (Funke-Wieneke, 1999). Das ist auch der bisherige Konsens in der Pädagogik-Diskussion im Judo gewesen. Diese Untersuchung sollte dazu beitragen, Chancen und Risiken im Spannungsfeld der geregelten körperlichen Auseinandersetzungen zu verstehen und für Judo-Lehrer, aber auch für Eltern junger Judoka greifbarer zu machen. Es gilt weiter das zuvor gesagte: Freiheit ist auch Risiko und Probleme sind auch Herausforderungen. Damit muss man umgehen lernen. Im Judo und im Alltag.

Der Blick wandte sich zunächst auf die Grundlagen des Judo, welche nur im Hinblick auf das Thema der Arbeit dargestellt wurden. Bereits hier wurden Gefahren und Risiken angedeutet. Techniken mit zumeist engem Körperkontakt und starker Kontrolle des Partners bzw. Gegners liefern Gefahrenmomente, für die durch Regeln, Rituale und Symbole ein bewusster Umgang geschaffen wurde. Zwei Prinzipien, ein technisches und ein moralisches, sind hierfür handlungsleitend, wobei das moralische Prinzip durch die Orientierung an formulierten Werten mit Leben gefüllt wird.

Die Wettkampfregeln und das moralische Prinzip sind es hauptsächlich, die im Judo zwei Pole im Spannungsfeld äußerer und innerer Verhaltenskontrolle bilden. Tiefere Einsichten in diese beiden Mechanismen zur Ordnung zwischenmenschlichen Miteinanders wurden mit Hilfe der juristischen und der psychologischen Perspektive aufgezeigt. Aus juristischer Sicht werden dem Judo als Sport in Vereinigungen viele Freiheiten eingeräumt. Dabei wurde deutlich, dass das Gesetz zwar grundsätzlich auch für Grenzüberschreitungen im Judo gewappnet ist und mit entsprechenden Konsequenzen reagieren kann, jedoch auch große Grauzonen hinterlässt. In diesen muss moralisches Handeln aus innerer Motivation heraus handlungsleitend sein. Hierfür wurde ein Blick auf die Psychologie der Identitätsbildung in Verbindung mit der Abgrenzung von anderen geworfen, um anschließend Grundlagen zur Gewissensbildung darzustellen. Im Zusammenhang mit der Bedeutung von Emotionen wurde der kontrollierte Umgang mit Gefühlen als Voraussetzung und Folge von Empathie dargelegt. Traumata als psychische Verletzung aufgrund von Grenzüberschreitungen wurden im Hinblick auf die beiden Handlungsoptionen Kampf und Flucht in Extremsituationen behandelt. Die Relevanz dieser Optionen wurde im Zusammenhang mit der Fähigkeit zu Besonnenheit in der Konfrontation und der notwendigen Möglichkeit zur Aufgabe deutlich.

Die Pädagogik ist es nun, die diese Spannungsfelder aushalten und in ihnen interagieren muss. Für das pädagogische Ziel der relativen Selbstbestimmung muss sie beide Perspektiven in ihr Handeln integrieren. Dabei bewegt sie sich zwischen Normativität und grundsätzlicher Offenheit für die Auseinandersetzung mit Werthaltungen. Die Rolle des Erziehers bzw. Judo-Lehrers wurde in diesem Zusammenhang als partnerschaftlich-autoritär beschrieben.

Im letzten Teil der Arbeit wurden unterschiedliche Formen von Grenzüberschreitungen dargestellt. Die Grenzen zwischen den Formen verschwimmen dabei ebenso wie sie es innerhalb tun. Klare Grenzziehungen waren nur zum Teil möglich. Es wurde näher auf die Dimensionen der physischen, der sexuellen sowie der psychischen und sozialen Grenzen geblickt. Die Rolle des Judo-Lehrers nahm in jedem Fall eine Sonderrolle ein. Als wesentliche Aspekte begegneten uns wieder der Körperkontakt, die Kontrolle des Partners bzw. Gegners sowie die Symboliken im Judo. Dabei wurden Risiken und Chancen für das Miteinander im Dojo und im Alltag herausgearbeitet. Um die Risiken akzeptieren und die Chancen nutzen zu können, muss eine konsequente Orientierung am moralischen Prinzip geschehen. Als zentrale Werte dienen hierfür vorrangig Respekt, Wertschätzung, Selbstbeherrschung, Hilfsbereitschaft, Ehrlichkeit und Mut.

Literatur

Adams, G. (1981). *Zum Problem der Unterscheidung von Erziehung und Therapie*. Diplomarbeit für die Diplomprüfung für Pädagogen. Würzburg: Julius-Maximilians-Universität.

Altevers, R. (2014). *Grundrechte* (Basiswissen) (3. Aufl). Münster: Alpmann und Schmidt.

Bandura, A. (1977). Self-efficacy: Toward a unifying theory of behavioral change. *Psychological Review* (2), 191–215.

Bayerischer Judo-Verband e. V. (o. J.). *Judo-Etikette*. Zugriff am 21. November 2015 unter http://www.b-j-v.de/pdfexport/judo-etikette.pdf.

Bayerischer Judo-Verband e. V. (2015). *Grundsatzordnung des Prüfungswesens*.

Benner, D. & Oelkers, J. (2004). *Historisches Wörterbuch der Pädagogik*. Weinheim [u.a.]: Beltz.

Berndt, T.J. & Ladd, G.W. (Hrsg.). (1989). *Peer relationships in child development*. New York: Wiley.

Bisanz, G. & Gerisch, G. (2010). *Fussball. Kondition, Technik, Taktik und Coaching* (2. Aufl). Aachen: Meyer & Meyer.

Charlot, E. (2006). *Judo Principes et Fondements*. Ivry-sur-Seine.

Daig, I. (2006). *Male Gender Role Dysfunction. Selbstdarstellung, Geschlechtsrollenstress und Gesundheitsrisiko bei Männern im Altersvergleich*. Dissertation zur Erlangung des akademischen Grades Doktorin der Philosophie. Berlin: Freie Universität Berlin, Fachbereich Erziehungswissenschaft und Psychologie.

Daigo, T. (2009). *Wurftechniken des Kodokan Judo. Band I: Te-waza / Koshi-waza* (1. Aufl). Bonn: Born.

Davis & Francoi (1991). Keine Angaben in der Primärquelle.

Davison, G.C., Neale, J.M. & Hautzinger, M. (2007). *Klinische Psychologie. Ein Lehrbuch* (7., vollst. überarb. und erw. Aufl). Weinheim, Basel: Beltz, PVU.

Dax-Romswinkel, W. (1996). *Gewalt im ÜL-/Trainerhandeln in der Sportart Judo. Entwurf einer Doppelstunde für die ÜL/Traineraus-/fortbildung*. Aktualisiert am 26.04.2000.

Detlefsen, G. (2006). *Grenzen der Freiheit - Bedingungen des Handelns - Perpektive des Schuldprinzips. Konsequenzen neurowissenschaftlicher Forschung für das Strafrecht* (Strafrechtliche Abhandlungen, n.f., Bd. 177). Berlin: Duncker & Humblot.

Deutscher Judo-Bund e. V. (2015a). *Die Judowerte.* Zugriff am 21. November 2015 unter http://www.judobund.de/jugend/training-wettkampf/judowerte/.

Deutscher Judo-Bund e. V. (2015b). *Kampfregeln für den Bereich des Deutschen Judo-Bundes.*

Deutsches Institut für Medizinische Dokumentation und Information. (2014, 19. September). *ICD-10-GM Version 2015.* Zugriff am 21. November 2015 unter https://www.dimdi.de/static/de/klassi/icd-10-gm/kodesuche/onlinefassungen/htmlgm2015/block-f40-f48.htm.

Dörpinghaus, A. & Uphoff, I.K. (2011). *Grundbegriffe der Pädagogik* (Einführung) (1., neue Ausg). Darmstadt: WBG (Wissenschaftliche Buchgesellschaft).

Eisenberg, Fabes, Schaller, Carlo & Miller (1991). Keine Angaben in der Primärquelle.

Eisenberg, H. (2012, 18. März). *Trauma-Symptome.* Zugriff am 21. November 2015 unter http://www.traumatherapie-ruhr.de/symptome.

Ellmann, F. (2013). *Vom Rangeln und Raufen zur Prävention vor sexueller Gewalt in der 8. Jahrgangsstufe.* Schriftliche Hausarbeit zur Zweiten Staatsprüfung für das Lehramt an Gymnasien. Würzburg.

Ellmann, F. (o. J.). *Rangeln & Raufen. Ein Methodikskript für Freizeit, Schule und Verein mit Spielideen.*

Enders, U. (Hrsg.). (2012). *Grenzen achten. Schutz vor sexuellem Missbrauch in Institutionen; ein Handbuch für die Praxis* (1., Aufl). Köln: Kiepenheuer & Witsch.

Epstein, J.L. (1989). The selection of friends: Changes across the grades and in different school environments. In T.J. Berndt & G.W. Ladd (Hrsg.), *Peer relationships in child development* (S. 158–187). New York: Wiley.

Fasko, D. & Willis, W. (Hrsg.). (2008). *Contemporary philosophical and psychological perspectives on moral development and education* (Critical education and ethics). Cresskill, N.J: Hampton Press.

Freud, S. (1932). *Warum Krieg? Sigmund Freud an Albert Einstein*. Wien.

Funke-Wieneke (1999). *Die pädagogische Bedeutung des Judo für Kinder und Jugendliche.*

Gibbs, J.C. (2008). Reflections on a Rescue: What Is Primacy in Moral Motivation? In D. Fasko & W. Willis (Hrsg.), *Contemporary philosophical and psychological perspectives on moral development and education* (Critical education and ethics, S. 167–184). Cresskill, N.J: Hampton Press.

Gissel, N. (2007). Von der neuen Theorie des Geistes zu einer neuen Pädagogik des Körpers? Warum die Sportpädagogik die Körper- und Bewusstseinsdiskurse in der Neurophiloso-phie unbedingt beachten sollte. *Sportwissenschaft. The German Journal of Sports Science, 37* (1), 3–18.

Gould, J. & Kolb, W.L. (Hrsg.). (1964). *A dictionary of the social sciences*. London: Tavistock.

Grundmann, M. (1983). *Die Niederlage ist ein Sieg. Tradition, Geist u. Technik d. asiat. Kampfsports* (1. Aufl). Düsseldorf u.a: Econ.

Gudjons, H. (2012). *Pädagogisches Grundwissen. Überblick - Kompendium - Studienbuch* (UTB, 3092: Pädagogik) (11., überarb. Aufl). Bad Heilbrunn: Klinkhardt.

Harter & Buddin (1987). Keine Angaben in der Primärquelle.

Hastings, P.D., Zahn-Waxler, C. & McShane, K. (2006). We are, by nature, moral creature: Biological bases of concern for others. In M. Killen & J.G. Smetana (Hrsg.), *Handbook of moral development* (S. 483–516). Mahwah, N.J: Lawrence Erlbaum Associates.

Haviland-Jones & Kahbauth (2000). Keine Angaben in der Primärquelle.

Heermann, P.W. (2013a). *Ausgewählte Urteile. 14.11.2005: Schadensersatz für "Blutgrät-sche"!* Zugriff am 21. November 2015 unter http://sportrecht.org/cms/front_content.php?idcat=40.

Heermann, P.W. (2013b). *Was verstehen die Juristen unter Sportrecht?* Zugriff am 21. No-vember 2015 unter http://sportrecht.org/cms/front_content.php?idcat=37&idart=57.

Heermann, P.W. (2013c). *Welche Bedeutung haben die Grundrechte im Sport?* Zugriff am 21. November 2015 unter http://sportrecht.org/cms/front_content.php?idcat=37&idart=72.

Heermann, P.W. (2013d). *Welche Grundsätze gelten für eine zivilrechtliche Haftung im Sport?* Zugriff am 21. November 2015 unter http://sportrecht.org/cms/front_content.php?idcat=37&idart=80.

Heermann, P.W. (2013e). *Wie ist das Verhältnis des Sports zum Strafrecht?* Zugriff am 21. November 2015 unter http://sportrecht.org/cms/front_content.php?idcat=37&idart=73.

Heidbrink, H. (2008). *Einführung in die Moralpsychologie* (3., vollst. überarb. und erw. Aufl). Weinheim, Basel: Beltz, PVU.

Heinemann, K. (2003). Körper, sozialer. In R. Prohl, P. Röthig, K. Carl, D. Kayser, M. Krüger & V. Scheid (Hrsg.), *Sportwissenschaftliches Lexikon* (Beiträge zur Lehre und Forschung im Sport, 49/50, S. 308–309). Schorndorf: Hofmann.

Hobmair, H. (Hrsg.). (2011). *Pädagogik* (Stam, 5000) (4. Aufl., Nachdr). Troisdorf: Bildungs-verl. Eins.

Hofmann, W. (1978). *Judo. Grundlagen des Stand- und Bodenkampfes* (Überarb. Aufl.). Niedernhausen/Ts: Falken-Verlag.

Hogg, M. (2003). Social Identity. In Leary, Mark R., Tangney, June P. (Hrsg.), *Handbook of self and identity* (S. 462–479). New York, London: Guilford Press.

Huber, M. (2010). *Urteil gegen Passauer Judotrainer. Presseerklärung des Landgerichts Passau.*

Huisken, F. (1996). *Jugendgewalt. Der Kult des Selbstbewusstseins und seine unerwünschten Früchtchen.* Hamburg: VSA-Verl.

Huisken, F. (2001). *Erziehung im Kapitalismus. Von den Grundzügen der Pädagogik und dem unbestreitbaren Nutzen der bürgerlichen Lehranstalten* (Studienausg. der Kritik der Erziehung, Bd. 1 und 2). Hamburg: VSA-Verl.

Jigoro Kano. (1932). *Der Beitrag des Judo zur Erziehung.*

Jonas, K.J., Boos, M. & Brandstätter, V. (Hrsg.). (2007). *Zivilcourage trainieren! Theorie und Praxis.* Göttingen [u.a.]: Hogrefe.

Kano, J. (2007). *Kodokan Judo. Theorie - Technik - Kata.* Bonn: Dieter Born.

Kant, I. (2011). *Schriften zur Anthropologie, Geschichtsphilosophie, Politik und Pädagogik* (Werke in sechs Bänden, Bd. 6) (7., unveränd. Aufl. (unveränd. Nachdr. der Sonderausg. Darmstadt 1998)). Darmstadt: Wiss. Buchges.

Kant, I. (2011). Über Pädagogik. In W. Weischedel (Hrsg.), *Schriften zur Anthropologie, Geschichtsphilosophie, Politik und Pädagogik* (Werke in sechs Bänden, Bd. 6, S. 693–761). Darmstadt: Wiss. Buchges.

Kauer-Berk, O. (2015a). Ein Warnruf. Gewichtmachen im Jugendalter. *Judo Magazin* (04-15), 12–19.

Kauer-Berk, O. (2015b). Die Halsabschneider. Würgekunst in der Nationalmannschaft. *Judo Magazin* (10-15), 12–15.

Killen, M. & Smetana, J.G. (Hrsg.). (2006). *Handbook of moral development*. Mahwah, N.J: Lawrence Erlbaum Associates.

Klocke, U. (2001). *Judo. Top-Action*. Aachen: Meyer und Meyer.

Klocke, U. (2005). *Judo lernen. 8. bis 5. Kyu, weiß-gelb bis orange* (Offizielles Lehrbuch des Deutschen Judo-Bundes e. V. (DJB) zur neuen Ausbildungs- und Prüfungsordnung, / Ulrich Klocke ; Bd. 1) (9. Aufl., vollst. neu bearb. und aktuell angepasst). Bonn: Born.

Klocke, U. (2006). *Judo anwenden. 4. bis 1. Kyu, orange-grün bis braun* (Offizielles Lehrbuch des Deutschen Judo-Bundes e. V. (DJB) zur neuen Ausbildungs- und Prüfungsordnung, / Ulrich Klocke ; Bd. 2) (6. Aufl., vollst. neu bearb. und aktuell angepasst 2006). Bonn: Born.

Kodokan Judo Institute. (o. J.). *Classification of Waza Names*. Zugriff am 21. November 2015 unter http://kodokanjudoinstitute.org/en/waza/list/.

Kopp-Wichmann, R. (2013, 11. April). *Sieben überraschende Einsichten über „Grenzen"*. Zugriff am 21. November 2015 unter http://www.persoenlichkeitsblog.de/article/9852/sieben-ueberraschende-einsichten-ueber-grenzen.

Krampen, G. & Reichle, B. (2008). Entwicklungsaufgaben im frühen Erwachsenenalter. In R. Oerter & L. Montada (Hrsg.), *Entwicklungspsychologie* (Lehrbuch, S. 333–365). Weinheim, Basel: Beltz, PVU.

Kuhn, M.H. (1964). Self. In J. Gould & W.L. Kolb (Hrsg.), *A dictionary of the social sciences*. London: Tavistock.

Lange, H. & Sinning, S. (2009). *Kämpfen, Ringen und Raufen im Sportunterricht* (Praxisbücher Sport) (2., korrigierte Aufl). Wiebelsheim: Limpert.

Leary, Mark R., Tangney, June P. (Hrsg.). (2003). *Handbook of self and identity*. New York, London: Guilford Press.

Lind, W. (2004). *Budo. Der geistige Weg der Kampfkünste* (5. Aufl). [München]: O. W. Barth.

Lippmann, R. (2001). *Arbeitsskript zur Fachübungsleiter/Trainer-C-Ausbildung* (1. Aufl). Frankfurt: Deutscher Judo-Bund.

Litt, T. (1948). *Mensch und Welt. Grundlinien einer Philosohie des Geistes*. München: I. & S. Federmann Verlag.

Litt, T. (1995). *Pädagogische Schriften. Eine Auswahl ab 1927* (Studienausg.). Bad Heilbrunn: Klinkhardt.

McAdams, D.P. (1999). Personal narratives and the life story. In L.A. Perwin & O.P. John (Hrsg.), *Handbook of personality: theory and research* (S. 478–500). New York: Guilford Press.

Mey, G. (1999). *Adoleszenz, Identität, Erzählung. Theoretische, methodologische und empirische Erkundungen*. Berlin: Dr. Köster.

Mifune, K. (2004). *The Canon of Judo. Classic Teachings on Principles and Techniques* (1st ed). Tokyo: Kodansha International.

Muders, C. (2013, 28. März). *BGH: Sittenwidrigkeit der Körperverletzung trotz Einwilligung in Schlägerei*. Zugriff am 21. November 2015 unter http://www.juraexamen.info/bgh-sittenwidrigkeit-der-korperverletzung-trotz-einwilligung-in-schlagerei/.

Mummendey, H.D. (2006). *Psychologie des "Selbst". Theorien, Methoden und Ergebnisse der Selbstkonzeptforschung*. Göttingen: Hogrefe.

Neumann, U. (2004). Shitei – Das Lehrer-Schüler-Verhältnis. Große Verantwortung – Hohe Anforderungen – Welche Qualifikation? In U. Neumann, M.v. Saldern, R. Pöhler & P.-U. Wendt (Hrsg.), *Der friedliche Krieger. Budo als Methode zur Gewaltprävention* (S. 134–146). Marburg: Schüren.

Neumann, U., Saldern, M.v., Pöhler, R. & Wendt, P.-U. (Hrsg.). (2004). *Der friedliche Krieger. Budo als Methode zur Gewaltprävention*. Marburg: Schüren.

Niehaus, A. (2010). *Leben und Werk Kanô Jigorôs. (1860-1938)* ; *ein Forschungsbeitrag zur Leibeserziehung und zum Sport in Japan* (Sport, Kultur und Gesellschaft, 4) (2., überarb. Aufl). Würzburg: Ergon-Verl.

Nunner-Winkler, G. (2007). Zum Begriff Zivilcourage. In K.J. Jonas, M. Boos & V. Brandstätter (Hrsg.), *Zivilcourage trainieren! Theorie und Praxis* (S. 21–32). Göttingen [u.a.]: Hogrefe.

Oerter, R. (1989). Structural, ecological and psychosocial variables of schooling and their impact on the development of student's self-concept. *International Journal of Educational Research* (13), 933–948.

Oerter, R. (2008). Kindheit. In R. Oerter & L. Montada (Hrsg.), *Entwicklungspsychologie* (Lehrbuch, S. 225–270). Weinheim, Basel: Beltz, PVU.

Oerter, R. & Dreher, E. (2008). Jugendalter. In R. Oerter & L. Montada (Hrsg.), *Entwicklungspsychologie* (Lehrbuch, S. 271–332). Weinheim, Basel: Beltz, PVU.

Oerter, R. & Montada, L. (Hrsg.). (2008). *Entwicklungspsychologie* (Lehrbuch) (6., vollst. überarb. Aufl). Weinheim, Basel: Beltz, PVU.

Ohlenkamp, N. (2006). *Meisterliches Judo* (1. Aufl). Stuttgart: Pietsch.

Perwin, L.A. & John, O.P. (Hrsg.). (1999). *Handbook of personality: theory and research*. New York: Guilford Press.

Pieroth, B., Schlink, B., Kingreen, T. & Poscher, R. (2014). *Grundrechte* (Staatsrecht, 2) (30., neu bearb. Aufl). Heidelberg, München [u.a.]: Müller.

Pilz, G.A. (2001). *Judo – Chance in der Gewaltprävention?*

Pöhler, R., Daxbacher, H., Kessler, K., Klocke, U., Lippmann, R., Mieth, R., Schröder, J. & Zeiser, F.J. (2014). *Die Ausbildungsinhalte des Deutschen Judo-Bundes für Kyu-Grade. Materialien für Multiplikatoren.*

Pöhler, R. (1999). *Warum wir eine Pädagogik-Diskussion im Judo brauchen. Standpunkte zum Üben, Erziehen, Helfen und Vermitteln im Judo.*

Pöhler, R. (2000). *Mein Körper gehört mir! Gedanken zu einem Unterricht zur körperlichen Selbstbestimmung im Judo.*

Pöhler, R. (2004). Judo - Die Möglichkeit im Widerstreit Fürsorge zu tragen. In U. Neumann, M.v. Saldern, R. Pöhler & P.-U. Wendt (Hrsg.), *Der friedliche Krieger. Budo als Methode zur Gewaltprävention* (S. 73–99). Marburg: Schüren.

Praetor Intermedia UG. (o. J.). *Sphären-Theorie*. Zugriff am 21. November 2015 unter http://www.grundrechteschutz.de/allgemein/allgemeines-personlichkeitsrecht-260.

Prahl, H.-W. (2002). *Soziologie der Freizeit* (UTB, 8228). Paderborn: F. Schöningh.

Prohl, R., Röthig, P., Carl, K., Kayser, D., Krüger, M. & Scheid, V. (Hrsg.). (2003). *Sportwissenschaftliches Lexikon* (Beiträge zur Lehre und Forschung im Sport, 49/50) (7., völlig neu bearb. Aufl). Schorndorf: Hofmann.

Rawls, J. (1979). *Eine Theorie der Gerechtsgkeit* (Suhrkamp Taschenbuch Wissenschaft, 271) (1. Aufl). Frankfurt am Main: Suhrkamp.

Ryan (1993). Keine Angaben in der Primärquelle.

Saldern, M.v. (2004). Budo – was ist das? In U. Neumann, M.v. Saldern, R. Pöhler & P.-U. Wendt (Hrsg.), *Der friedliche Krieger. Budo als Methode zur Gewaltprävention* (S. 27–39). Marburg: Schüren.

Schandry, R. (2006). *Biologische Psychologie. Ein Lehrbuch* (Beltz PVU) (2. überarb. Aufl). Weinheim: Beltz, BeltzPVU.

Schmitt, M. (2015). *(Wett-)kämpfen im Sport und im Alltag. Spannungsfelder im Erziehungsprozess - verdeutlicht am Bespiel Judo*. Hamburg: Disserta Verlag.

Solomon, D. & Watson, M.S. (2008). Moral Education Approaches and their Psychological Foundations. In D. Fasko & W. Willis (Hrsg.), *Contemporary philosophical and psychological perspectives on moral development and education* (Critical education and ethics, S. 113–143). Cresskill, N.J: Hampton Press.

Speck, O. (1996). *Erziehung und Achtung vor dem Anderen. Zur moralischen Dimension der Erziehung*. München: Ernst Reinhardt.

Tajfel (1978). Keine Angaben in der Primärquelle.

Tsafack, B. (2015). *Das Wertesystem im Judo und seine Erziehungsaufgabe* (Offizielle DJB-Schriftenreihe, Bd. 4) (1. Aufl). Aachen: Meyer & Meyer.

Velte, H. (1997). *Judo-Fachwort-Lexikon. Rund 1400 Fachausdrücke* (3. Aufl). Kernen: Sensei-Verl.

Werkmeister, C. (2009, 08. Juni). *Ultimate Fighting im Strafrecht*. Zugriff am 21. November 2015 unter http://www.juraexamen.info/ultimate-fighting-im-strafrecht/.

Wiktionary. (2015, 25. Oktober). *Grenzen*. Zugriff am 21. November 2015 unter https://de.wiktionary.org/wiki/Grenze.

Zick, A. & Küpper, B. (2007). Vorurteile, Diskriminierung und Rechtsextremismus – Phänomene, Ursachen und Hintergründe. In K.J. Jonas, M. Boos & V. Brandstätter (Hrsg.), *Zivilcourage trainieren! Theorie und Praxis* (S. 33–58). Göttingen [u.a.]: Hogrefe.